Mi Primer Larousse
de las CIENCIAS
DE LA **VIDA** Y DE LA **TIERRA**

ILUSTRACIONES

Ronan **Badel**
Robert **Barborini**
Magali **Bardos**
Nathalie **Choux**
Nathalie **Dieterlé**
Clément **Devaux**
Jean-Yves **Duhoo**
Charles **Dutertre**
Virginie **Guérin**
Aurélie **Guillerey**
Nicolas **Hubesh**
François **Lachèze**
Stéphan **Laplanche**
Éric **Meurice**
Muzo
Clément **Oubrerie**
Pronto
Julien **Rosa**
Fabrice **Turrier**

Ilustración de la portada: Émile **Bravo**

EDICIÓN ORIGINAL

Redacción: Pascal **Chauvel**
Consejo científico: Éric **Mathivet**
Consejo pedagógico: Valérie **Faggiolo**
Dirección artística: Frédéric **Houssin**
  y Cédric **Ramadier**
Concepto gráfico y realización: **DOUBLE**
Edición: Marie-Claude **Avignon**
Dirección editorial: Françoise **Vibert-Guigue**
Dirección de la publicación: Marie-Pierre **Levallois**

EDICIÓN PARA AMÉRICA LATINA

Dirección de la publicación: Amalia **Estrada**
Traducción: María del Pilar **Ortiz**
Asistencia editorial: Lourdes **Corona**
Coordinación de portadas: Mónica **Godínez**
Asistencia administrativa: Guadalupe **Gil**

Título original: *Mon premier Larousse des sciences*
© Larousse 2004
21, rue du Montparnasse – 75006 París
ISBN: 2-03-553-082-2
"D. R." © MMV por Ediciones Larousse, S.A. de C.V.
Dinamarca 81, México, 06600, D.F.
ISBN: 970-22-1231-6 (E. L, S. A. de C.V.)

PRIMERA EDICIÓN

Larousse y el logotipo Larousse son marcas registradas de Ediciones Larousse S.A. de C.V.
Esta obra no puede ser reproducida, total o parcialmente, sin autorización escrita del editor.
Impreso en Malasia – Printed in Malasya

Mi Primer Larousse de las CIENCIAS

DE LA **VIDA** Y DE LA **TIERRA**

ÍNDICE

La ciencia de la vida 6-7

 **8-39**
LA VIDA DE LOS ANIMALES

Los animales son muy variados	10-11
Con o sin columna vertebral	12-13
Los insectos	14-15
Los animales se desplazan	16-17
Los animales cazan	18-19
Los animales se protegen	20-21
¡Vamos a jugar!	22-23
El alimento de los animales	24-25
Las cadenas alimentarias	26-27
Las bolas de regurgitación	28-29
Dientes especializados	30-31
Machos y hembras	32-33
Diferentes clases de huevos	34-35
Del nacimiento a la edad adulta	36-37
Trabajar con animales	38-39

 **40-71**
LA VIDA DE LAS PLANTAS

Otra forma de alimentarse	42-43
Las plantas son muy variadas	44-45
Las plantas crecen por todas partes	46-47
La clasificación de las plantas	48-49
¡Vamos a jugar!	50-51
Las partes de una planta	52-53
Las plantas viven	54-55
La savia nutre la planta	56-57
La vida de un árbol	58-59
Las semillas se desplazan	60-61
Flores para reproducirse	62-63
De la flor a la semilla	64-65
Otras maneras de reproducirse	66-67
Observemos una semilla	68-69
Trabajar con plantas	70-71

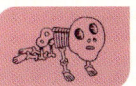

72-113
LA VIDA DEL CUERPO

Las partes del cuerpo	**74-75**
Los huesos y los músculos	**76-77**
El cerebro	**78-79**
La vista y el oído	**80-81**
¡Juguemos con la vista!	**82-83**
El olfato, el gusto y el tacto	**84-85**
Escuchemos los sonidos	**86-87**
¡Juguemos con el gusto!	**88-89**
¡Juguemos con el tacto!	**90-91**
La respiración	**92-93**
El corazón hace circular la sangre	**94-95**
¿De qué está hecha la sangre?	**96-97**
Los alimentos	**98-99**
En forma	**100-101**
La digestión	**102-103**
El cuerpo vive	**104-105**
¿Y los bebés?	**106-107**
En el vientre de la mamá	**108-109**
¡Así es la vida!	**110-111**
Las profesiones del cuerpo	**112-113**

114-123
LA ECOLOGÍA

La ciencia del medio ambiente	**116-117**
La Tierra se calienta cada vez más	**118-119**
La Tierra debe ser protegida	**120-121**
Separemos los desechos para reciclarlos	**122-123**

124-145
LA GEOLOGÍA

En el interior de la Tierra	**126-127**
Los volcanes	**128-129**
¡Vamos a jugar!	**130-131**
Los temblores	**132-133**
La escala de Richter	**134-135**
¿Qué es un fósil?	**136-137**
¿Cómo se formaron los fósiles?	**138-139**
Los fósiles de los moluscos	**140-141**
Las rocas	**142-143**
Las profesiones de la Tierra	**144-145**

146-155
EL AGUA

El agua en todos sus estados	**148-149**
Los líquidos no siempre son agua	**150-151**
Más denso, menos denso	**152-153**
El ciclo del agua	**154-155**

Las palabras de la ciencia	**156-157**
Índice alfabético	**158-160**

La ciencia de la vida

**La ciencia de la vida es la biología,
que estudia a los seres vivos: los animales, las plantas y el cuerpo humano.**
No todo lo que se mueve está necesariamente vivo: un robot, un móvil y un coche se mueven, pero no están vivos, mientras que un árbol no se mueve y sin embargo es un ser vivo.

Un **robot**, un **móvil** y un **coche se mueven**, pero no están vivos.

Un **niño** pequeño, una **papa** y una **planta** son seres vivos aunque **no se muevan**.

El **conejo** y el **pez** son **seres vivos**; la **montaña** no lo es.

Los **seres humanos**, los **animales** y las **plantas son seres vivos**.
Se alimentan, crecen y se reproducen.

Los seres vivos respiran
Para vivir, las plantas, los animales y los seres humanos deben respirar;

se alimentan
Las plantas, los animales y los seres humanos necesitan energía para vivir. El alimento les aporta energía;

se reproducen
Los animales tienen crías. Las plantas dan origen a otras plantas;

crecen
En el transcurso de su vida, los seres vivos crecen y se transforman;

y mueren
Los seres vivos viven una determinada cantidad de tiempo. Luego mueren y son reemplazados por otros.

LA VIDA DE LOS ANIMALES

LA VIDA DE LOS ANIMALES
Los animales son muy variados

Se diferencian por su aspecto.

Hay animales de todos los **tamaños**. Algunos son enormes, otros, diminutos.

Hay animales de todas las **formas**, unos son redondos y otros muy largos...

Y existen animales de todos los **colores**.

10

Se diferencian por su manera de vivir.

Algunos animales viven en **manadas**...

... o en **bancos**.

Algunos viven en **familia**...

...otros **solos**.

Los animales que viven en el cuerpo de otros animales y se alimentan de ellos, como el **piojo** en el cabello, son **parásitos**.

Algunos animales viven siempre **juntos**. El **boyero** permanece cerca del **rinoceronte** para quitarle los parásitos.

LA VIDA DE LOS ANIMALES
Con o sin columna vertebral

LOS VERTEBRADOS

Los animales que tienen **columna vertebral** son los vertebrados. Se clasifican en **5 grandes grupos**.

Los peces
Su piel está cubierta de escamas. Respiran en el agua.

Los anfibios
Tienen la piel lisa y húmeda, sin pelo, plumas ni escamas.

Los reptiles
Su piel está cubierta de escamas.

Las aves
Están cubiertas de plumas. Tienen patas y alas.

Los mamíferos
Su piel está generalmente cubierta de pelo. La hembra alimenta a sus cachorros con la leche de sus mamas.

12

LOS INVERTEBRADOS

Los animales que **no tienen columna vertebral** son los invertebrados.

Los insectos
Tienen 6 patas.

Los arácnidos
Tienen 8 patas.

Los crustáceos
Tienen de 8 a 14 patas y por lo general, pinzas.

Los ciempiés
¡tienen muchas patas!

Los moluscos
Tienen un cuerpo blando, con o sin concha.

Los gusanos
Tienen un cuerpo blando cilíndrico o plano.

LA VIDA DE LOS ANIMALES
Los insectos

Los animales más numerosos son los insectos.
Hay más de un millón de especies de insectos.
Todos los insectos tienen el cuerpo dividido en **3 partes**: la cabeza, el tórax y el abdomen.

- abdomen
- 6 patas en el tórax
- cabeza
- 2 antenas

hormiga

abeja

Los insectos tienen siempre **6 patas** y **2 antenas**,
pero no todos tienen el mismo número de **alas**.

14

LA VIDA DE LOS ANIMALES
Los animales se desplazan

Los animales se desplazan de muchas formas.

Nadan.

Vuelan.

Corren.

Saltan.

Caminan.

Se arrastran.

Algunos animales son curiosos.

El **pez volador** puede volar cuando tiene que huir de un depredador.

El **avestruz** es un ave... que no vuela, pero corre muy rápido.

El **pájaro bobo** es un ave. ¡No vuela, pero puede nadar!

16

DEL MÁS RÁPIDO AL MÁS LENTO

El **halcón** es el más rápido en el cielo. 250 km/h

El **guepardo** es el más rápido en la tierra. Es muy veloz, pero no resiste mucho tiempo. 110 km/h

El **caballo** puede correr rápido y resiste mucho tiempo. 70 km/h

Un **corredor** de carreras puede correr a una velocidad de 36 km/h

La **tortuga** avanza sobre sus gruesas patas a 2.8 km/h

El **caracol** se desplaza ondulando su pie a 5 m por hora

LA VIDA DE LOS ANIMALES
Los animales cazan

Los animales depredadores se alimentan de otros animales: cazan o ponen trampas a sus presas.

Las **leonas cazan en grupo**.
3 o 4 leonas se ocultan, otra ronda a la manada y se deja ver.

Las **gacelas**, asustadas, huyen...

... y se encuentran **con las leonas** que las esperan.

Para cazar hormigas, la larva de la **hormiga león** cava un hoyo por el que la hormiga se resbala.

Para atrapar a los insectos, la **araña** teje una tela y espera colgada de un hilo.

El **pez arquero** escupe un violento chorro de agua para hacer caer a su presa.

El **pejesapo** pesca con anzuelo: un hilito que sobresale de su cráneo le sirve de **cebo**.

LA VIDA DE LOS ANIMALES
Los animales se protegen

Los animales que pueden ser cazados, las presas, deben protegerse de sus depredadores recurriendo a diferentes medios.

La huida
La **gacela** resiste más tiempo corriendo que el guepardo, por eso escapa con frecuencia.

El mimetismo
Algunos **insectos** se parecen a las espinas para pasar desapercibidos.

El **camaleón** puede cambiar de color según su entorno.

La sorpresa
El **pulpo** arroja un chorro de tinta que lo oculta durante su huida.

Cuando está en peligro, la **mofeta** despide un olor muy desagradable.

La astucia

El veneno

Para engañar a su depredador, el **pez payaso** cuenta con un falso ojo en la parte posterior de su cuerpo.

El **sapo** tiene unas enormes verrugas en el cuerpo que despiden veneno cuando lo tocan.

Las armaduras

El **erizo** tiene el lomo cubierto de púas.

El cuerpo de la **tortuga** está protegido por un caparazón.

El **pangolín** es un mamífero que está cubierto de escamas.

¡VaMos A juGar!

El vuelo, la carrera, el nado, la caminata, el salto... ¿Sabes **cómo se desplazan estos animales**? No olvides que algunos pueden utilizar varias formas.

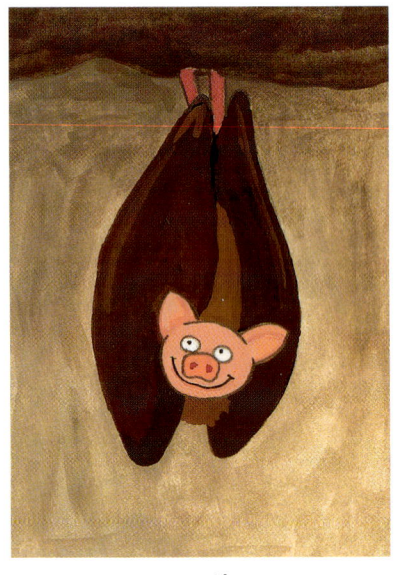
murciélago

avestruz

rana

grillo

mono

lombriz de tierra

Solución: el murciélago vuela; el avestruz corre; la rana salta y nada; el grillo salta, vuela y camina; el mono trepa, camina, salta y corre; la lombriz de tierra se arrastra.

LA VIDA DE LOS ANIMALES
El alimento de los animales

LOS QUE COMEN PLANTAS
Son los animales más numerosos.

La **vaca** come hierba:
Es **herbívora**.

El **ratón de campo** come principalmente granos: Es **granívoro**.

Algunos **murciélagos** sólo comen frutas:
Son **frugívoros**.

LOS QUE SE COMEN A OTROS ANIMALES

El **león** se alimenta de carne: Es **carnívoro**.

La **musaraña** se alimenta de insectos: Es **insectívora**.

El **buitre** se alimenta de carroña: Es un **carroñero**.

El **oso**, el **cerdo**... (y el ser humano) comen de todo: carne, frutas, plantas, granos... Son **omnívoros**.

LA VIDA DE LOS ANIMALES
Las cadenas alimentarias

Muchos animales pueden vivir en el mismo lugar porque no todos comen lo mismo. Cada especie se alimenta de otra especie. Es lo que se llama una cadena alimentaria.

Siempre es una **planta** lo primero que se comen.

En la sabana hay mucha hierba para comer: Muchos animales **herbívoros**, como el ñu o la cebra, viven allí.

Los **carnívoros**, como los leones o los guepardos, cazan a los herbívoros.

El **pulgón** se alimenta de la savia de las plantas.
La **mariquita** se come a los pulgones.

En el mar, al principio de la cadena alimentaria está el **plancton**, unas plantas y animales minúsculos que flotan en el agua. La caballa come plancton; el atún se come a la caballa; el tiburón se come al atún.

LA VIDA DE LOS ANIMALES
Las bolas de regurgitación

Las lechuzas devuelven lo que no digieren.
Comen animales pequeños pero su estómago **no digiere** las partes duras; se forma una **bola**, llamada bola de regurgitación, que el animal escupe.

¡VaMos A jUgar!

En las bolas que devuelven estas aves, se encuentran los restos de los animales que devoraron. Observa la imagen y **encuentra lo que se comió la lechuza**.

 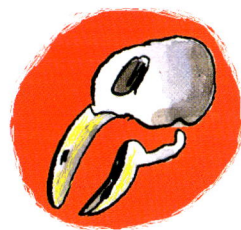  

Solución: la lechuza se comió a la musaraña, al pájaro, al escarabajo y a la mariquita.

LA VIDA DE LOS ANIMALES
Dientes especializados

No todos los animales comen lo mismo y no utilizan sus dientes de la misma manera.

Los **incisivos** son dientes finos y afilados. **Cortan** como tijeras.

Los **caninos** son dientes puntiagudos. **Desgarran** y despedazan la carne.

Los **molares** son largos. **Trituran** haciendo un movimiento de vaivén.

**Cuando se sabe lo que come un animal,
se puede adivinar qué dientes tiene más desarrollados.**

El león es **carnívoro**.

Tiene largos **caninos** para despedazar a sus presas.

El caballo es **herbívoro**.

Tiene grandes **incisivos** para cortar la hierba y gruesos **molares** para triturarla enseguida. No tiene caninos.

Los **colmillos** del elefante son **incisivos** muy desarrollados.

Con sus colmillos, el elefante **cava** la tierra y **arranca** raíces...

LA VIDA DE LOS ANIMALES
Machos y hembras

Para que nazcan las crías, es necesario que un macho y una hembra se reúnan. Generalmente, para seducir a la hembra, el macho debe mostrar que es más fuerte y más hermoso que los demás.

Los machos deben **luchar** para conquistar a todo un grupo de hembras. Al final del combate, el más fuerte se queda con la manada.

32

El **gallo** tiene una cresta muy roja y hermosas plumas para seducir a las gallinas.

El **pavo real** hace un círculo con su cola ante las pavas. Se pavonea.

El **ciervo** brama para atraer a las ciervas. ¡A ellas les encantan sus cuernos largos y brillantes!

LA VIDA DE LOS ANIMALES
Diferentes clases de huevos

Las crías de muchos animales se forman en los huevos que pone la hembra.

El pez hembra **pone** millones de huevos blandos.

El macho los **fecunda** inmediatamente con su lechaza y **se los lleva** la corriente.

Muchos huevos son **devorados**, pero de los que se salvan nacen alevines.

Las aves macho y hembra se aparean. La hembra **pone** 4 o 5 huevos en el **nido** que ambos construyeron.

La hembra **incuba** los huevos dentro de los cuales se desarrollan las crías, bien protegidas por el duro cascarón.

Cuando los pajarillos están listos, **rompen el cascarón**.

Los cachorros de los mamíferos crecen en el vientre de su madre.
Los seres humanos también son mamíferos.

El perro y la perra se **aparean**.

Los cachorros se forman **en el vientre** de la madre.

Crecen.

Nacen al cabo de **9 semanas**.

Maman la leche de su madre.

La madre se ocupa de sus cachorros durante **algunas semanas** solamente.

LA VIDA DE LOS ANIMALES
Del nacimiento a la edad adulta

En la mayoría de los vertebrados (mamíferos, aves o reptiles) las crías se desarrollan fácilmente.

Crecen y engordan, pero en algunos casos es **más complicado**.

Cuando crece, la **serpiente** cambia de piel varias veces: es la **muda**.

Cuando nacen, los **canguros** son muy pequeños. Deben trepar hasta la **bolsa** de su madre para terminar de crecer en un ambiente cálido. Saldrán de allí a los 8 meses.

Para convertirse en **rana**, el renacuajo debe transformarse: es la **metamorfosis**.
Los renacuajos que salen de los huevos son muy pequeños;
tienen la cabeza grande y una cola. Respiran en el agua.

Las **patas traseras** aparecen primero,

luego las **patas delanteras**. Finalmente la **cola** desaparece.

La **rana** puede respirar al aire libre.

En ciertos insectos, como la mariposa, la metamorfosis es todavía más complicada.

Cuando el huevo de la mariposa se rompe, sale una **larva**, la **oruga**.

La oruga engorda muy rápido. Se cuelga y se transforma en **crisálida**.

Finalmente, la crisálida se convierte en **mariposa**.

LA VIDA DE LOS ANIMALES
Trabajar con animales

El **veterinario** es el médico de los animales de la ciudad y del campo.

En la ciudad, el **veterinario** cura las enfermedades más o menos graves de los animales que viven en apartamentos con sus amos: gatos, perros, pájaros...

En el campo, el **veterinario** cura a los animales de la granja. También ayuda a las crías a nacer.

Los **zoólogos** estudian la vida de los animales para comprenderlos mejor y saber cómo protegerlos.

Algunos **zoólogos** estudian el comportamiento de una especie animal durante toda su vida. Unos observan a las arañas, otros a los gorilas... Todos ellos tratan de entender su manera de vivir.

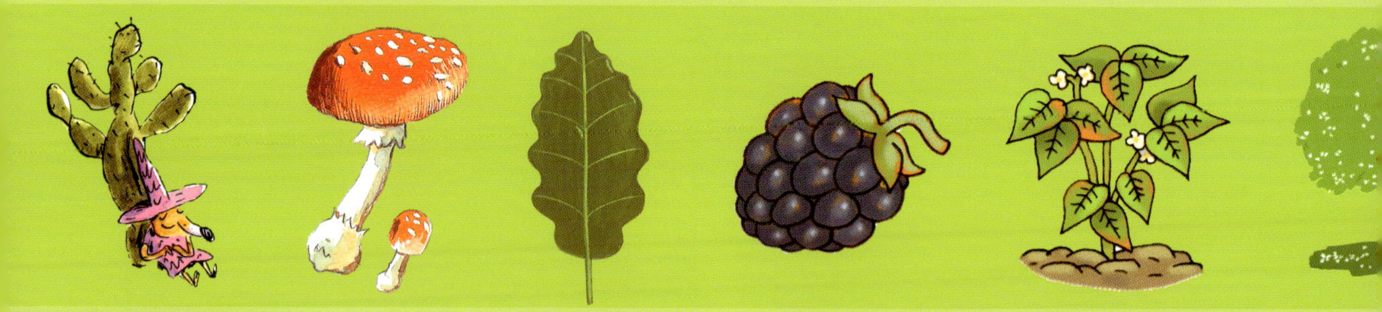

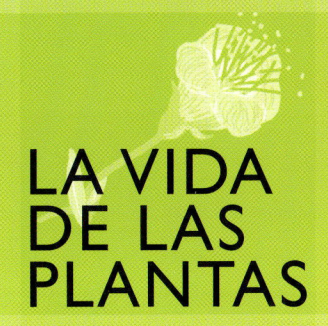

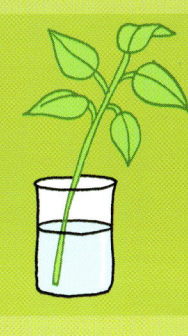

LA VIDA DE LAS PLANTAS

LA VIDA DE LAS PLANTAS

Otra forma de alimentarse

La diferencia entre los animales y las plantas es la manera de alimentarse.

Los **animales** encuentran su alimento en la naturaleza.

Las **plantas** no comen, se nutren a través de sus **raíces** y con sus **hojas** absorben la energía del sol.

¡VaMos A jUgar!

Algunos animales se parecen mucho a las plantas. Observa estos dibujos y descubre cuáles son **animales** y cuáles son **plantas**.

algas

corales

anémonas de mar

mejillón

insecto palo

droseras

Solución: el alga es una planta; el coral, la anémona de mar y el mejillón son animales que se nutren de animales marinos muy pequeños; el insecto palo es un insecto que parece una ramita; la drosera devora insectos, es una planta carnívora.

LA VIDA DE LAS PLANTAS
Las plantas son muy variadas

Hay plantas de todos los tamaños.

Algunas son **minúsculas**, otras **inmensas**.

Las plantas se fijan al suelo mediante sus **raíces**.

Las plantas suelen ser **verdes**.

Muchas plantas tienen **flores**.

Un árbol frutal tiene **hojas** de la primavera al otoño.

Tiene **flores** en primavera.

Tiene **frutos** en verano.

No tiene hojas en invierno.

En los **países cálidos**, las plantas tienen hojas todo el año.

LA VIDA DE LAS PLANTAS
Las plantas crecen por todas partes

**Hay plantas por todas partes;
en los ríos, en los mares, en los desiertos y
en las cimas nevadas de las montañas.**

Las **algas** suelen vivir en el agua.

Los **musgos** viven en lugares húmedos, generalmente al pie de los árboles. No les gusta el sol.

Los **hongos** viven en los bosques. Algunos se comen, otros son venenosos: ¡No debemos tocarlos!

En los países cálidos, los **helechos** llegan a alcanzar la altura de un edificio de muchos pisos.

Las **flores de montaña** sobreviven al frío y a la nieve.

Los **cactus** soportan la sequía del desierto.

LOS ÁRBOLES

Los árboles se caracterizan por su silueta y sus hojas.

Los árboles **frondosos** tienen hojas planas.

Estas se **caen** durante el otoño y, en las regiones donde no hay mucho sol, en invierno.

Las **coníferas** tienen hojas en forma de **agujas** que resisten el frío.

El **baobab** tiene un tronco enorme. No pierde sus hojas, por eso se dice que tiene **hojas perennes**.

LA VIDA DE LAS PLANTAS
La clasificación de las plantas

Como los animales, las plantas se clasifican en grupos diferentes. Para saber a cuál pertenecen, hay que observar si tienen raíces, hojas y flores.

Los hongos no son como las demás plantas: no tienen hojas ni raíces ni flores.

Las algas tienen hojas, pero no tienen raíces ni flores.

Los musgos tienen muchas hojas pequeñas, pero no tienen raíces ni flores.

Los helechos tienen hojas y raíces, pero no tienen flores.

Las plantas con flores son las más abundantes: tienen raíces, hojas y flores. Los **árboles** y las **herbáceas** pertenecen a ese grupo.

Las coníferas son árboles que tienen frutos en forma de conos.

Las herbáceas son plantas pequeñas cuyo tallo es flexible como las **flores** de los jardines y los campos.

¡VaMos A jUgar!

En este **paisaje** hay plantas de cada grupo: plantas con flores, musgos, helechos, hongos y coníferas. ¿Las reconoces?

plantas con flores

coníferas

musgos

helechos

hongos

conífera

algas

LA VIDA DE LAS PLANTAS
Las partes de una planta

Pequeñas o grandes, las plantas tienen raíces (1), un tallo o un tronco (2), hojas (3), y también suelen tener flores que se convertirán en frutos.

LAS HOJAS DE LOS ÁRBOLES

Para reconocer un árbol, hay que observar sus hojas.

La cola se llama **pecíolo**

La parte más importante de la hoja se llama **limbo**

El limbo tiene **nervios**

Hoja de **arce**

Hoja de **roble**

un **foliolo**

La hoja de **castaño** se compone de varios foliolos

Hoja de **avellano**

LA VIDA DE LAS PLANTAS
Las plantas viven

Las plantas producen por sí solas las sustancias que necesitan para crecer.

Todos los seres vivos necesitan **energía** para vivir. Mediante la **alimentación** los seres humanos y los animales obtienen energía.

Para desarrollarse, las plantas captan la luz del sol gracias a la **clorofila** de las hojas (un pigmento verde que da a las hojas su color). Toman el **gas carbónico** del aire y desechan el **oxígeno**.

Las plantas **absorben** el agua de la tierra a través de sus raíces y **elaboran** su alimento con la luz.

Las plantas no pueden vivir **sin agua**.

Las plantas no pueden vivir **sin luz**.

Las plantas no pueden vivir mucho tiempo **separadas** de sus raíces.

Para vivir, las plantas necesitan **tierra**, **agua** y **luz**.

LA VIDA DE LAS PLANTAS

La savia nutre la planta

La savia circula por toda la planta a través de unos *tubos* diminutos.

La savia que se elabora en las hojas es rica en **azúcar** y circula por toda la planta.

La **savia** bruta sube por las raíces. Hace circular el agua y las sales minerales de la tierra hacia la planta.

OBSERVAR PARA ENTENDER MEJOR

Coloca un **clavel** blanco y una rama de **apio** en un florero transparente.

Vierte unas gotas de **tinta de color** en el agua.

Observa cómo cambian de color y descubre el camino de la **savia bruta**.

La **savia** de algunas plantas, como la **caña de azúcar**, es particularmente **azucarada**.
Al prensar los tallos de caña de azúcar se obtiene un líquido
que permite hacer azúcar de caña.

El jarabe de **arce** se elabora con la savia azucarada del arce.
Para obtenerlo, los canadienses hacen pequeños cortes en el **tronco** de los arces.
Durante el invierno, los niños vierten un poco en la nieve y se deleitan.

LA VIDA DE LAS PLANTAS
La vida de un árbol

La vida de un árbol empieza con el desarrollo del germen que contiene una semilla.

Las **raíces** brotan de la semilla y se hunden en la tierra, luego un tallo sale del suelo.

El **tallo** se dirige hacia la luz y forma pequeñas **hojas**. Así crecen los árboles durante toda su vida.

Cada primavera, la **savia** hace brotar raíces y hojas nuevas. Las ramas se **alargan**, el tronco **se ensancha** y crece.

Los árboles también **envejecen** y mueren. Algunos viven mucho tiempo.

La **corteza** protege al árbol. Suele ser lisa en un árbol joven y rugosa en un árbol viejo. La **savia** circula bajo la corteza.

Cada verano, un nuevo **anillo** se forma en la madera del tronco.

En un tronco cortado, cada anillo corresponde a un **año**.

En otoño, cuando el frío llega y la luz es menos intensa, la circulación de la savia **disminuye** y las hojas caen.

LA VIDA DE LAS PLANTAS
Las semillas se desplazan

Las plantas utilizan diferentes medios para que sus semillas se esparzan en la naturaleza y encuentren un terreno adecuado para crecer mejor.

Cuando un pájaro come una **cereza**, se traga la semilla.

Transporta la **semilla** en su vientre.

Deposita la semilla un poco **más lejos**, en su excremento.

La semilla del **galio** se pega a la ropa de los paseantes o al pelo de los animales.

La semilla del **diente de león** se parece a un pequeño paracaídas que se lleva el viento.

La **ardilla** esconde sus nueces lejos del nogal donde las encontró. Generalmente las olvida.

¡VaMos A juGar!

Trata de descubrir cómo se desplazará cada una de estas semillas.

la nuez de coco

la bellota

el diente de león

la mora

¿con el **viento**?

¿por el **mar**?

¿gracias a la **ardilla**?

¿o a través de un **pájaro**?

Solución: El mar se lleva la nuez de coco y la deposita en una playa. La ardilla se lleva la bellota. El viento se lleva al diente de león. El pájaro se lleva las semillas de mora.

LA VIDA DE LAS PLANTAS
Flores para reproducirse

Gracias a las flores se reproducen la mayoría de las plantas.

Las flores poseen **órganos masculinos** (los estambres) o **femeninos** (el pistilo), o ambos.

EN EL CORAZÓN DE LAS FLORES

Los **sépalos** son las pequeñas hojas verdes que protegen el botón de la flor.

Los **estambres** (que encierran el polen) y el **pistilo** se encuentran en el centro de la flor, protegidos por los **pétalos**.

El **pistilo** es la parte abultada que está en medio de los estambres.

La mayoría de las plantas con flores necesita de los **insectos** para formar sus semillas. Los atraen con su **néctar azucarado**, su **aroma** y sus **bellos colores**.

LA VIDA DE LAS PLANTAS
De la flor a la semilla

**Para que una semilla se forme, es necesario que el grano de polen de una flor encuentre el pistilo de otra flor de la misma especie.
Suele ser un insecto el que lo transporta.**

En el momento de la reproducción, los estambres de las flores se abren y dejan escapar un fino polvo: los granos de polen.

Los **granos de polen** se pegan a las patas de los insectos...

... que los llevan **hacia otras flores**...

... y los **depositan** sobre los pistilos.

Los mismos insectos liban siempre la **misma especie** de flores.

El polen de las flores también puede ser transportado **por el viento** como sucede con los robles.

DEL GRANO AL FRUTO

Los granos de polen son las células masculinas. Penetran **al interior del pistilo**, que contiene las células femeninas u óvulos.

Cuando un grano de polen encuentra un óvulo, se forma la **semilla**. Los pétalos caen.

Para formar una **cereza**, el óvulo se transforma en pepita y el pistilo en fruto.

En la cereza, **lo que se come** es el pistilo.

La **pepita** contiene la semilla que quizá podrá dar otro cerezo.

LA VIDA DE LAS PLANTAS
Otras maneras de reproducirse

No todas las plantas necesitan de una flor para reproducirse. De algunas brota una nueva planta a partir de un trozo de tallo: se trata del desqueje.

Se corta un **tallo** de geranio, por ejemplo.

Se deposita en un **vaso de agua**.

Crecen las **raíces**.

Y brota una **nueva planta**.

Algunas plantas como la de **fresa** se desquejan solas cuando son silvestres. La planta de la fresa tiene **largos tallos**, **hojas** por un lado y **raíces** por el otro. Las raíces se entierran en el suelo y dan una nueva planta de fresa, que se desprenderá de su planta madre.

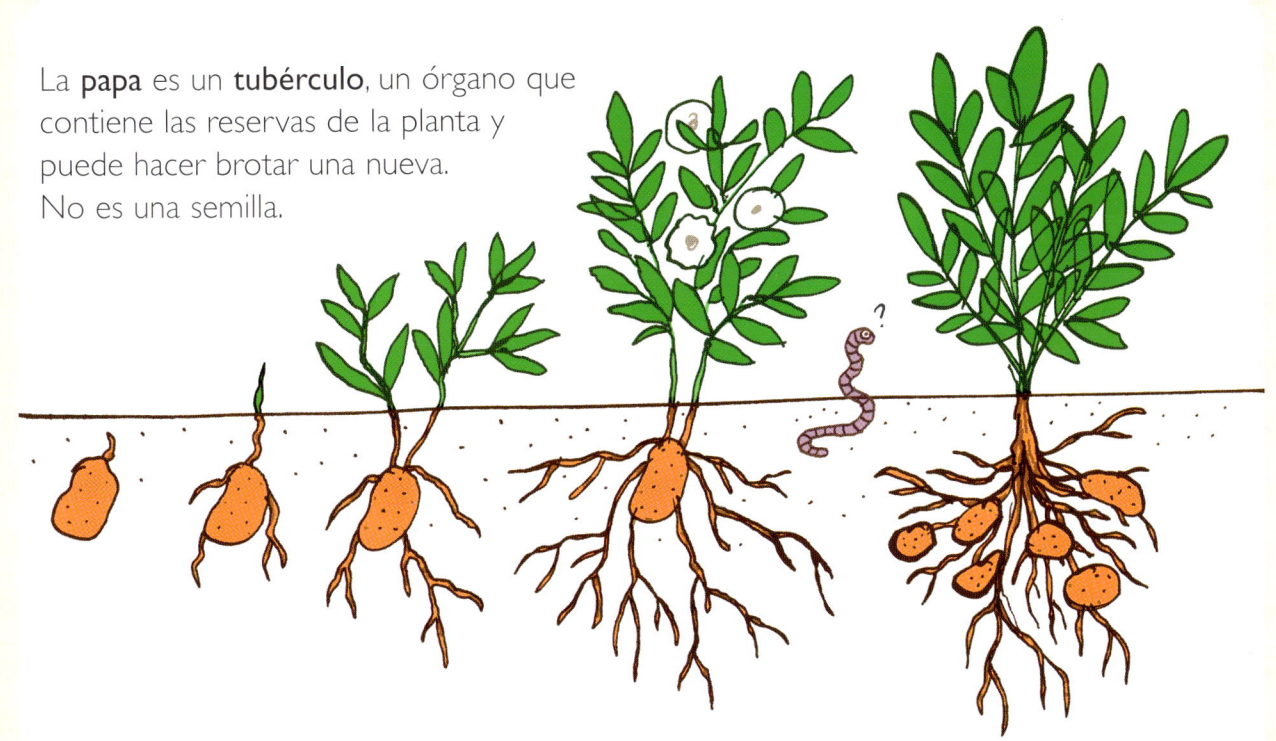

La **papa** es un **tubérculo**, un órgano que contiene las reservas de la planta y puede hacer brotar una nueva. No es una semilla.

Cuando se planta una papa salen tallos de los que brotan **hojas** y luego **flores**. Los **tallos subterráneos** se abultan: son las nuevas papas.

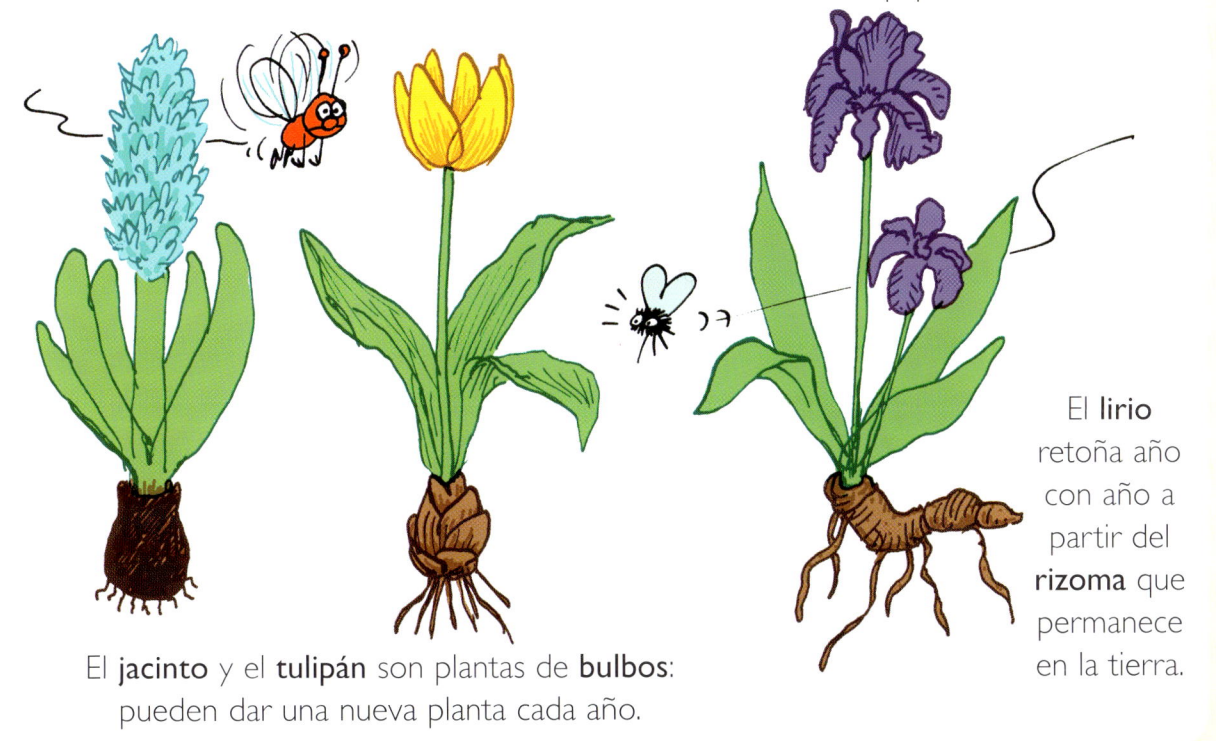

El **jacinto** y el **tulipán** son plantas de **bulbos**: pueden dar una nueva planta cada año.

El **lirio** retoña año con año a partir del **rizoma** que permanece en la tierra.

LA VIDA DE LAS PLANTAS
Observemos una semilla

Para comprender mejor cómo está hecha una semilla, observa una habichuela.

Para abrirla fácilmente con tu uña, déjala remojando en agua durante algunas horas.

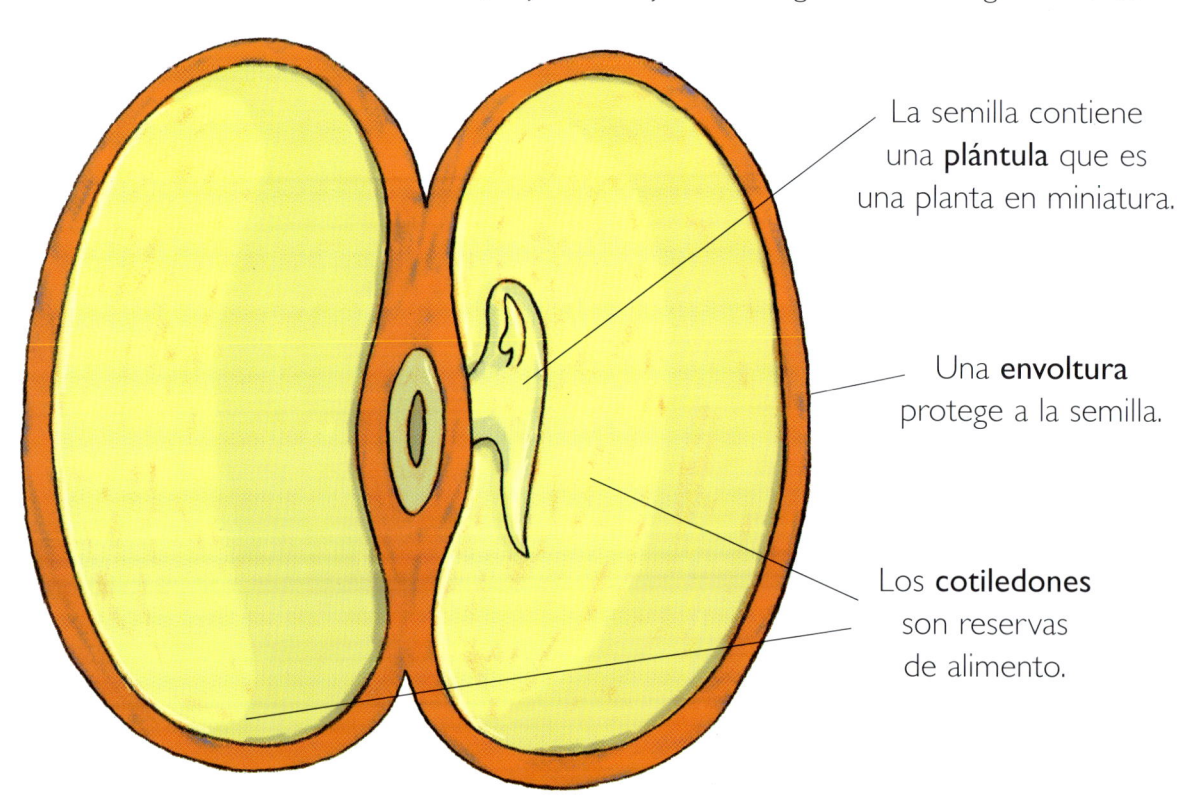

La semilla contiene una **plántula** que es una planta en miniatura.

Una **envoltura** protege a la semilla.

Los **cotiledones** son reservas de alimento.

LAS ETAPAS DE LA GERMINACIÓN

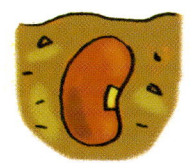

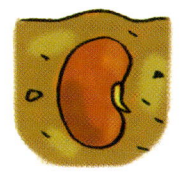

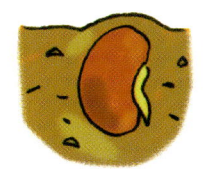

Si se **planta** una semilla de habichuela, se **infla** y su envoltura se desgarra.

Aparece una **pequeña raíz**. Se dice que ha germinado, es la **germinación**.

Al desarrollarse, **brotan** dos cotiledones de la raíz.

Aparecen las primeras **hojas**.

La pequeña planta puede **alimentarse** y los cotiledones desaparecen.

Si las **flores** son fecundadas, se formarán semillas y frutos.

El pistilo de la flor da la **vaina** de la habichuela.

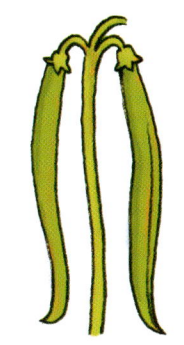

Lo que se come es la habichuela.

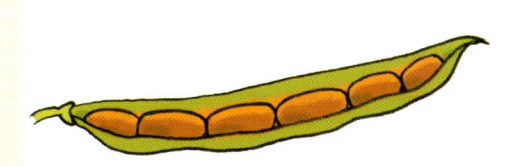

Las semillas de habichuela están en la vaina.

Al germinar, podrán dar nuevas plantas.

LA VIDA DE LAS PLANTAS
Trabajar con plantas

El **agricultor** cultiva trigo, maíz, girasoles, remolachas azucareras; plantas que sirven para la alimentación de los seres humanos o para la cría del ganado.

El **hortelano** cultiva las legumbres que se compran en el mercado.

Los **botánicos** son los especialistas en plantas. Algunos recorren el mundo para descubrir especies nuevas.

Los botánicos estudian la **anatomía** de las plantas, es decir, cómo están hechas.

Hay botánicos que estudian la **fisiología** de las plantas, es decir, su manera de vivir.

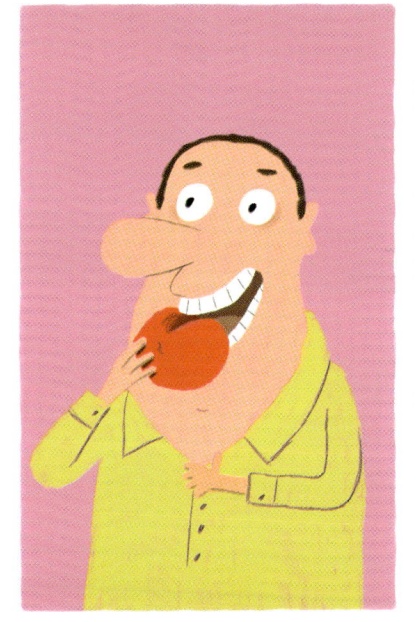

El **genetista** puede crear nuevas plantas. Las mezcla para mejorarlas: por ejemplo, un tomate sabroso que no es bonito, con un tomate insípido pero muy rojo... ¡Se obtiene un hermoso y delicioso tomate!

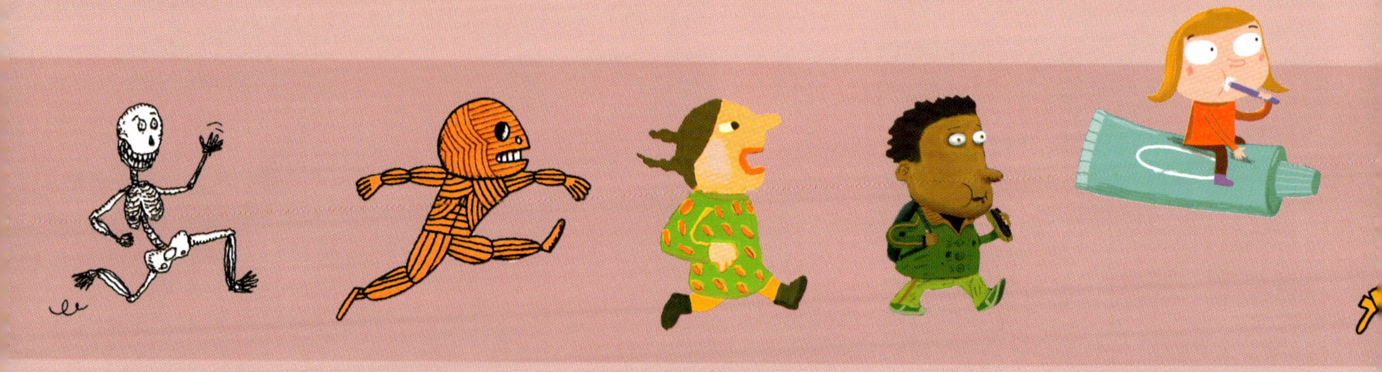

LA VIDA DEL CUERPO

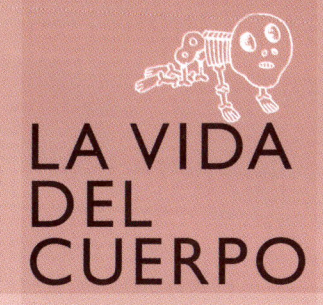

LA VIDA DEL CUERPO
Las partes del cuerpo

¿Conoces el nombre de las diferentes partes del cuerpo?

- nalgas
- mano
- omóplato
- espalda
- cabeza
- brazo
- codo
- ombligo
- cabello
- vientre
- pierna
- tobillo
- nariz
- pantorrilla
- cuello
- lengua
- sexo
- ojo
- boca
- frente
- muslo
- oreja
- nuca
- rodilla
- hombro
- talón
- pie

74

El conjunto de huesos forma el esqueleto. Los músculos que nos ayudan a movernos están pegados a los huesos.

pelvis

cráneo

caja torácica

bíceps y tríceps

Nuestro cuerpo tiene más de **600** músculos.

El esqueleto está compuesto por **206 huesos**.

Cuando nuestros huesos se alargan, crecemos.

columna vertebral

LA VIDA DEL CUERPO
Los huesos y los músculos

Los huesos son duros. Sostienen al cuerpo y le permiten moverse.

Sin el **esqueleto**, nuestro cuerpo sería muy blando, como un gusano o una babosa.

No todos los huesos de nuestro esqueleto tienen la misma forma.

La **mano** está formada por 27 huesos pequeños. El **pie** por 26 huesos.

Los huesos del **cráneo** son planos; forman una caja que protege el cerebro.

Las **32 vértebras** de la columna vertebral sostienen la parte superior del cuerpo.

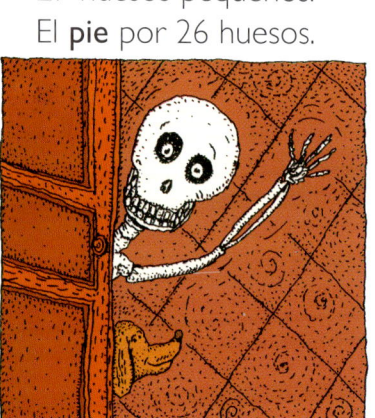

Los huesos de los **brazos** y de las **piernas** son los más largos.

12 pares de **costillas** forman la **caja torácica**, que protege al corazón y a los pulmones.

Los huesos se mueven unos en relación con otros al nivel de las articulaciones: los codos, las rodillas, los hombros...

Los **músculos** se unen a los huesos por medio de los **tendones**, que **tiran** de los huesos para que se muevan.

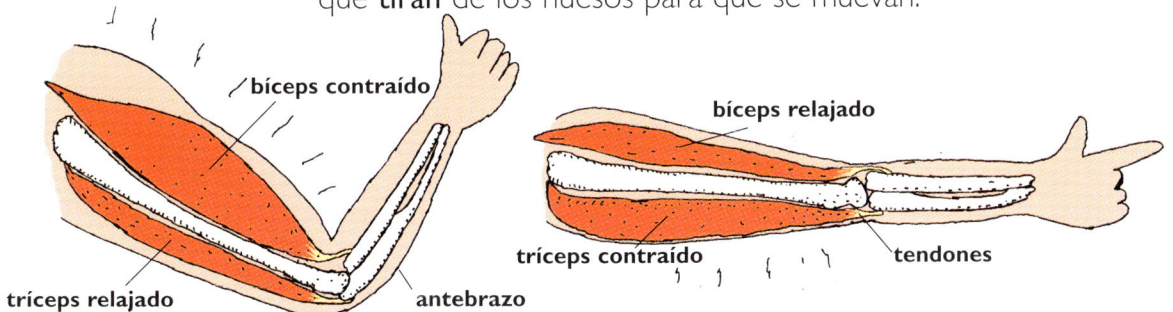

bíceps contraído

bíceps relajado

tríceps contraído   tendones

tríceps relajado   antebrazo

Cuando el brazo se pliega, el **bíceps**, el músculo del brazo, se hincha y se encoge, tira del hueso del antebrazo.

Cuando se extiende el brazo, es otro músculo, el **tríceps**, el que se hincha y se contrae.

Para que **trabajen los músculos** hay que practicar un deporte: así se vuelven más grandes y fuertes.
¡Pero cuidado! ¡Los huesos pueden **fracturarse**!

Hay que hacer una **radiografía** en el hospital para ver dónde está la **fractura**.

Afortunadamente, el hueso es una **materia viva** que soldará por sí solo.

Pero hay que ponerle un **yeso** para que no se mueva.

LA VIDA DEL CUERPO
El cerebro

Situado en el cráneo, el cerebro es el órgano que dirige todo lo que hace nuestro cuerpo, incluso dormir.

pensar

aprender

respirar

moverse

recordar

oír

comer

digerir

hablar

Nuestros 5 sentidos informan a nuestro cerebro de lo que pasa a nuestro alrededor.

¿Ya viste qué pequeña es?

La **vista** permite ver las formas, los colores...

¡No te oí, repítelo!

El **oído** permite escuchar los sonidos.

¿Percibes ese extraño olor?

El **olfato** permite reconocer los olores.

Tócalo, es muy suave.

El **tacto** permite reconocer la forma, la temperatura y el aspecto de las cosas.

¡Prueba éste, está muy bueno!

El **gusto** permite reconocer los sabores de lo que comemos.

LA VIDA DEL CUERPO
La vista y el oído

El ojo es el órgano de la vista.

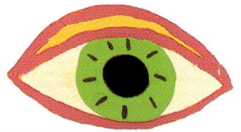

El pequeño círculo que está en medio de los ojos se llama **pupila**.

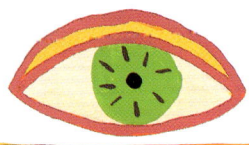

La **pupila se dilata** cuando está oscuro. Así, el ojo capta más luz para ver mejor.

La **pupila se contrae** cuando hay demasiada luz, cuando nos deslumbramos.

La oreja es el órgano del oído.

Permite escuchar los **sonidos**.
El sonido entra **por el interior de la oreja** y toca una pequeña membrana: el **tímpano**.

¡LOS ANIMALES SON LOS GANADORES!

El **águila** tiene una vista muy aguda, ve a su presa desde lejos como si tuviera prismáticos... pero sólo de día.

El **elefante** tiene un oído muy fino. Sus grandes orejas también le sirven de abanico para refrescarse.

¡JugueMos cOn la vIsta!

Para comprobar que tienes buena vista, **observa** de lejos estos dibujos (retrocede 8 pasos). Si ves bien todos los dibujos de la última línea, tu vista es perfecta.

LOS OJOS TE ENGAÑAN

¿Cuál es la **línea** más **larga**?

¿Cuál es el **cuadrado** pequeño más **grande**?

¿Hay 1 o 2 **cordones**?

¿Cuál es la **W** más **grande**?

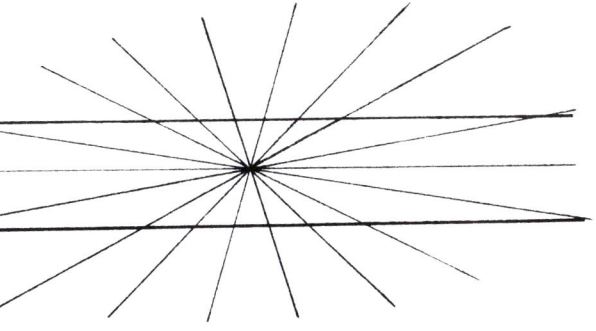

¿Las dos **líneas** horizontales son rectas o curvas?

Solución: las dos líneas y los dos cuadrados son del mismo tamaño. Hay un solo cordón. Las dos W son idénticas. Las dos líneas son rectas.

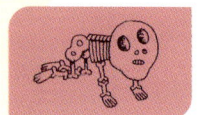

LA VIDA DEL CUERPO
El olfato, el gusto y el tacto

La nariz es el órgano del olfato.
Percibe los **olores** que están en el aire y puede reconocer varios aromas diferentes:

Ya sean **agradables**...  ... o **desagradables**.

La lengua es el órgano del gusto.
La lengua no reconoce más que **cuatro sabores**:

dulce salado amargo ácido

La piel es el órgano del tacto.

¡Está demasiado caliente!

¡Pica!

¡Mi pantalón está mojado!

Qué suave eres, mamá.

Generalmente **tocamos** con las **manos**.
Toda la **piel** del cuerpo permite sentir lo que tocamos.

¡LOS ANIMALES SON LOS GANADORES!

Con sus antenas, la **mariposa** percibe desde muy lejos el perfume de la hembra.

La **serpiente** utiliza su lengua para tocar lo que la rodea. Por eso la saca con frecuencia.

En la punta de cada uno de sus dos grandes cuernos, el **caracol** tiene los ojos. Con los 2 cuernos pequeños *toca* las cosas.

LA VIDA DEL CUERPO
Escuchemos los sonidos

Para oír se necesitan orejas.
Con las dos orejas tapadas no se oye nada.
Con una oreja tapada no se sabe bien de dónde viene el sonido.
Con ambas orejas, incluso con los ojos tapados, ¡se oye bien!

MENSAJE SECRETO

Los **sonidos débiles** son difíciles de escuchar.
Murmura un mensaje al oído de tu compañero quien, a su vez,
lo murmurará a su vecino y así sucesivamente. ¿El último escuchó bien?

LA VIDA DEL CUERPO

¿La lengua o la nariz?

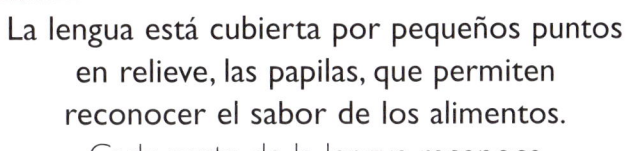

La lengua está cubierta por pequeños puntos en relieve, las papilas, que permiten reconocer el sabor de los alimentos. Cada parte de la lengua reconoce uno de los 4 sabores. Haz la prueba con la punta de la lengua.

ácido — amargo
salado — ácido
salado
dulce

Mmm... ¡Está bueno!

¡Está insípido!

Mmm, ¡qué ricas pastas!

Gracias a la **nariz** *sentimos* los sabores de lo que comemos.
Si tenemos la **nariz tapada**, no olemos nada y los alimentos no tienen mucho sabor.

Lo que **vemos** también es importante.
¿Te apetece un plátano rosa, una naranja azul o unas papas fritas moradas?

¡JugueMos cOn el guSto!

¿Qué **sabor** tienen estos alimentos?

¿Podrás descubrir los **sabores** de lo que come cada uno de los niños? ¡Fíjate bien! Algunos alimentos pueden tener 2 sabores.

DULCE	SALADO
AMARGO	ÁCIDO

un pastel

un sándwich

unas nueces

una soda

una naranja

una endibia

unos dulces

unas papas fritas de bolsa

un chocolate oscuro

unos tomates

una toronja

unas papas fritas

un yogur sin azúcar

miel

una salchicha

unos pepinillos en vinagre

Solución: dulce: pastel, soda, dulces, miel; **salado:** sándwich, papas, papas fritas, salchicha; **amargo:** endibia, nuez; **ácido:** yogur sin azúcar, pepinillos en vinagre; **dulce y amargo:** toronja, chocolate oscuro; **ácido y dulce:** tomate, naranja.

¡JugueMos cOn el TaCto!

**Las zonas del cuerpo más sensibles son la lengua y la yema de los dedos.
Otras zonas del cuerpo son mucho menos sensibles:
la espalda y la parte de abajo de las piernas.**

muy sensible

muy sensible

sensible

sensible

muy sensible

Diviértete mientras lo compruebas con la prueba del lápiz.

90

LA PRUEBA DEL LÁPIZ

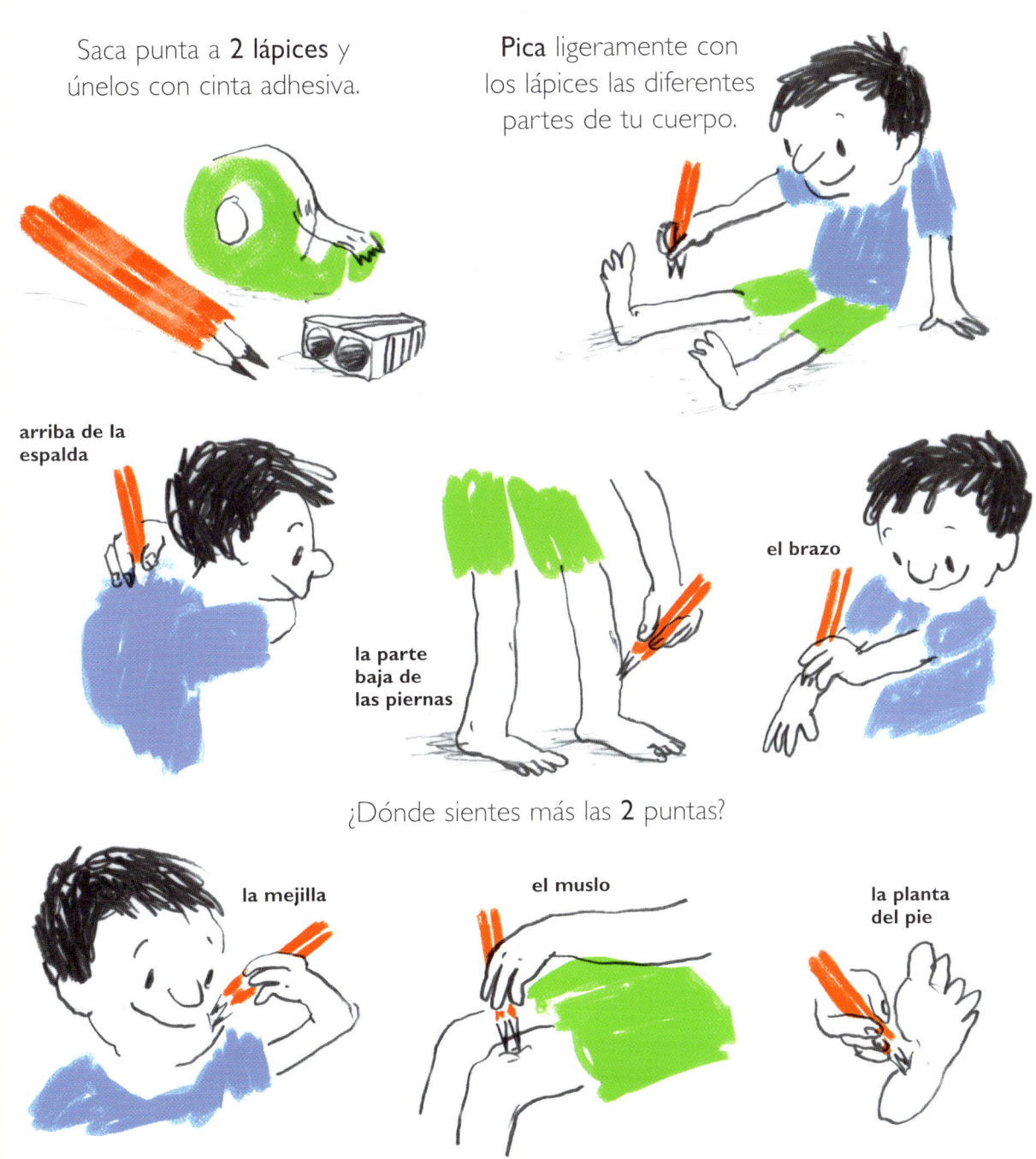

Saca punta a **2 lápices** y únelos con cinta adhesiva.

Pica ligeramente con los lápices las diferentes partes de tu cuerpo.

arriba de la espalda

la parte baja de las piernas

el brazo

¿Dónde sientes más las **2** puntas?

la mejilla

el muslo

la planta del pie

Cuando se siente una sola punta, la zona es **poco sensible**.
Cuando se sienten las dos puntas, la zona es **muy sensible**.

LA VIDA DEL CUERPO
La respiración

Día y noche respiramos; la respiración no se detiene jamás.

Porque en el aire hay un gas indispensable para la vida de nuestro cuerpo: el **oxígeno**.

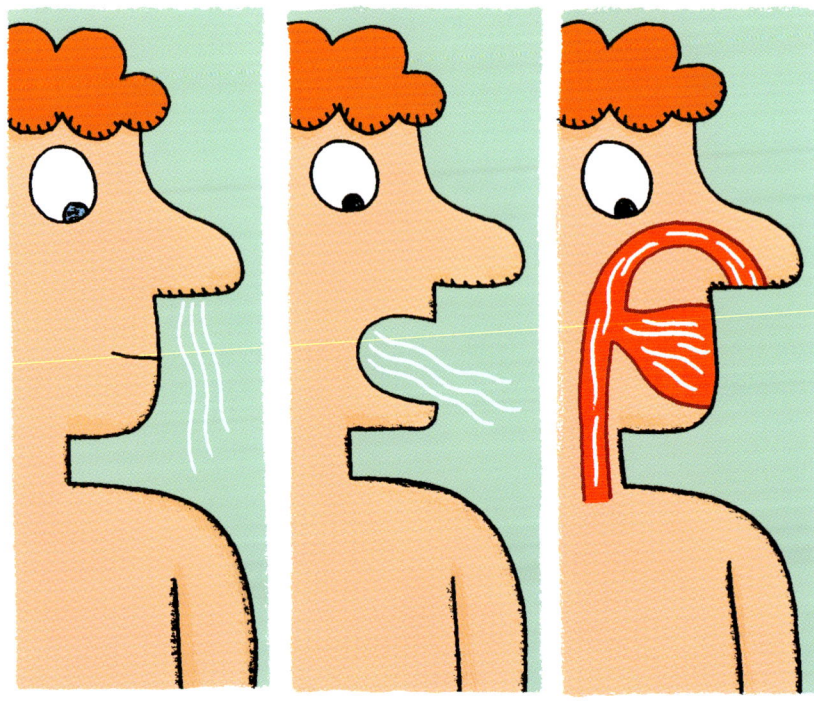

El aire entra en nuestro cuerpo por la **nariz** o por la **boca**. Desciende hacia los pulmones por la **tráquea**. La tráquea es el tubo grueso que está en la parte delantera del **cuello**.

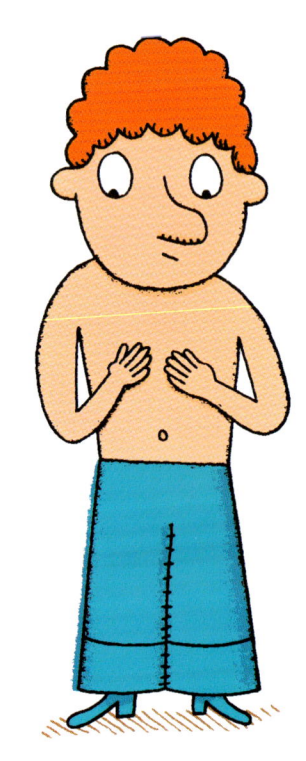

¡Cerca de **100 000 litros de aire** pasan cada día a nuestros **2 pulmones**!

La **tráquea** se divide **en dos partes** para llegar a cada **pulmón**.
El **aire** entra y sale de los pulmones.

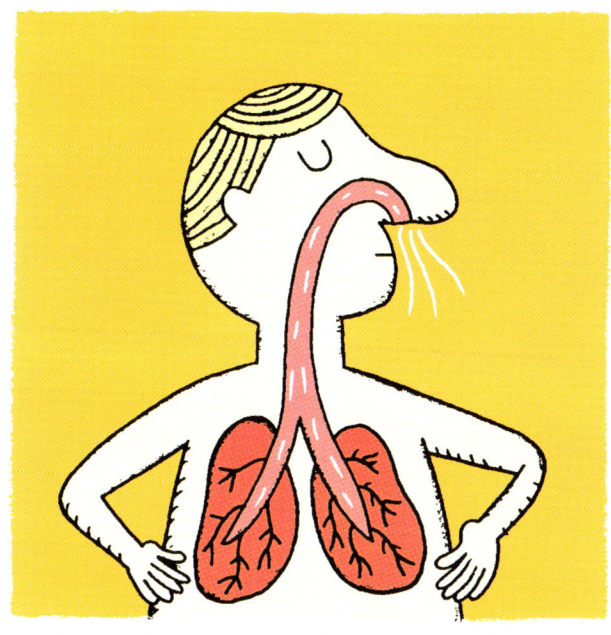

Los pulmones se inflan cuando el **aire**,
lleno de oxígeno, **entra** en ellos.
Es la **inspiración**.

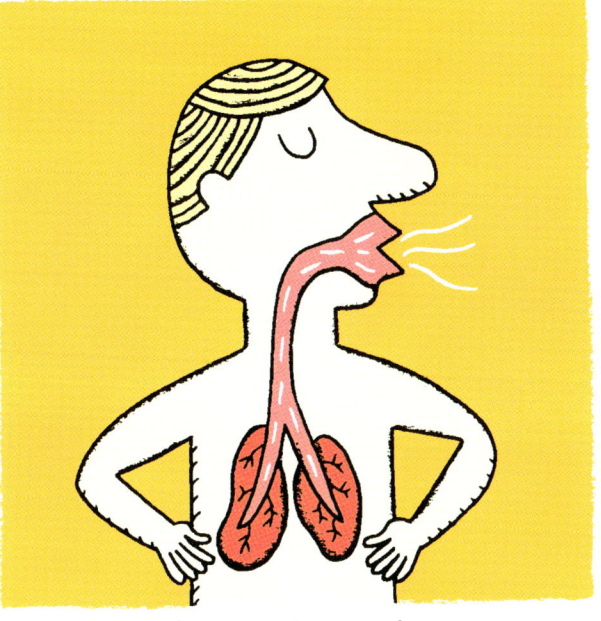

Cuando el **aire sale**,
los pulmones se desinflan.
Es la **espiración**.

Cuando soplamos **profundamente**
en un globo, la **mitad** del aire de
los pulmones pasa a su interior.

El **aire** que espiramos es **caliente** y **húmedo**:
cuando soplamos sobre un espejo forma **vaho**.

LA VIDA DEL CUERPO
El corazón hace circular la sangre

Para llegar a todos los lugares del cuerpo, la sangre es impulsada por los latidos del corazón.

El **corazón** es una especie de bomba que hace circular la sangre por nuestro cuerpo: es lo que se llama la **circulación de la sangre**.

Si se aprietan con los dedos las venas del puño, del tobillo o del cuello, se pueden sentir los **latidos** de la sangre impulsada por el corazón.

A eso se llama **tomar el pulso**. Se sienten aproximadamente 72 latidos por minuto.

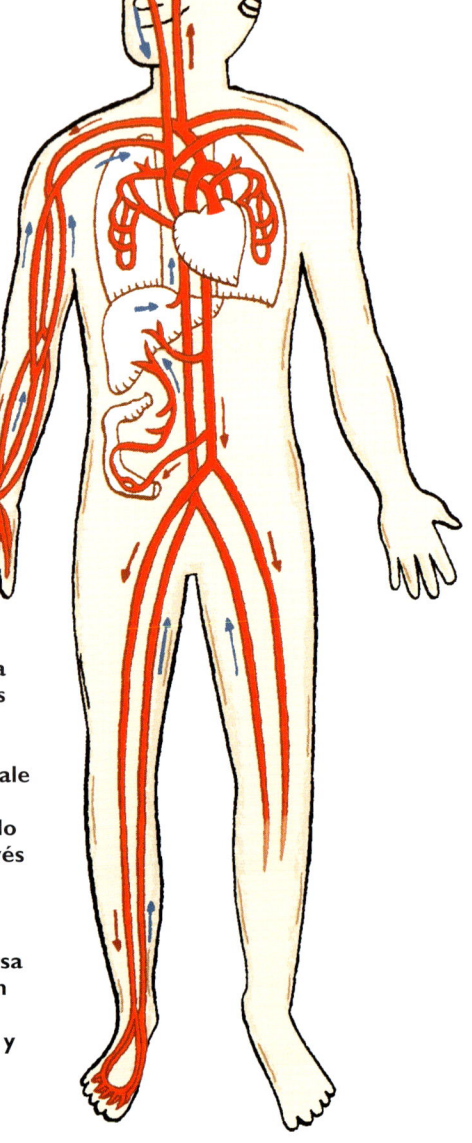

El oxígeno que respiramos pasa de los pulmones al corazón.

La sangre que sale del corazón es conducida a todo el cuerpo a través de las arterias (flechas rojas).

La sangre regresa hacia el corazón por las venas (flechas azules) y va hacia los pulmones para tomar oxígeno.

El corazón no late siempre al mismo ritmo.

El corazón late **más rápido**...

...cuando estamos **emocionados**.

El corazón late **lentamente**...

...cuando estamos **tranquilos**.

...cuando tenemos **miedo**.
¡Los músculos necesitan oxígeno para huir del peligro!

...cuando **descansamos**.

Los músculos que trabajan utilizan **más oxígeno** y requieren que la sangre se los proporcione rápidamente.

Los músculos que no trabajan necesitan **menos oxígeno** porque el corazón late menos rápido.

LA VIDA DEL CUERPO

¿De qué está hecha la sangre?

Si nos picamos o nos caemos, nos sale sangre.

Cuando alguien se raspa, **sangra**, porque los pequeños vasos que están bajo la piel se cortan con la raspadura. Para repararlos, la sangre forma una **costra**.

Cuando alguien se pega, sale un poco de sangre bajo la piel y se forma un **chichón** o un **cardenal**.

Pero, ¿qué hay en la sangre?

glóbulos rojos

glóbulos blancos

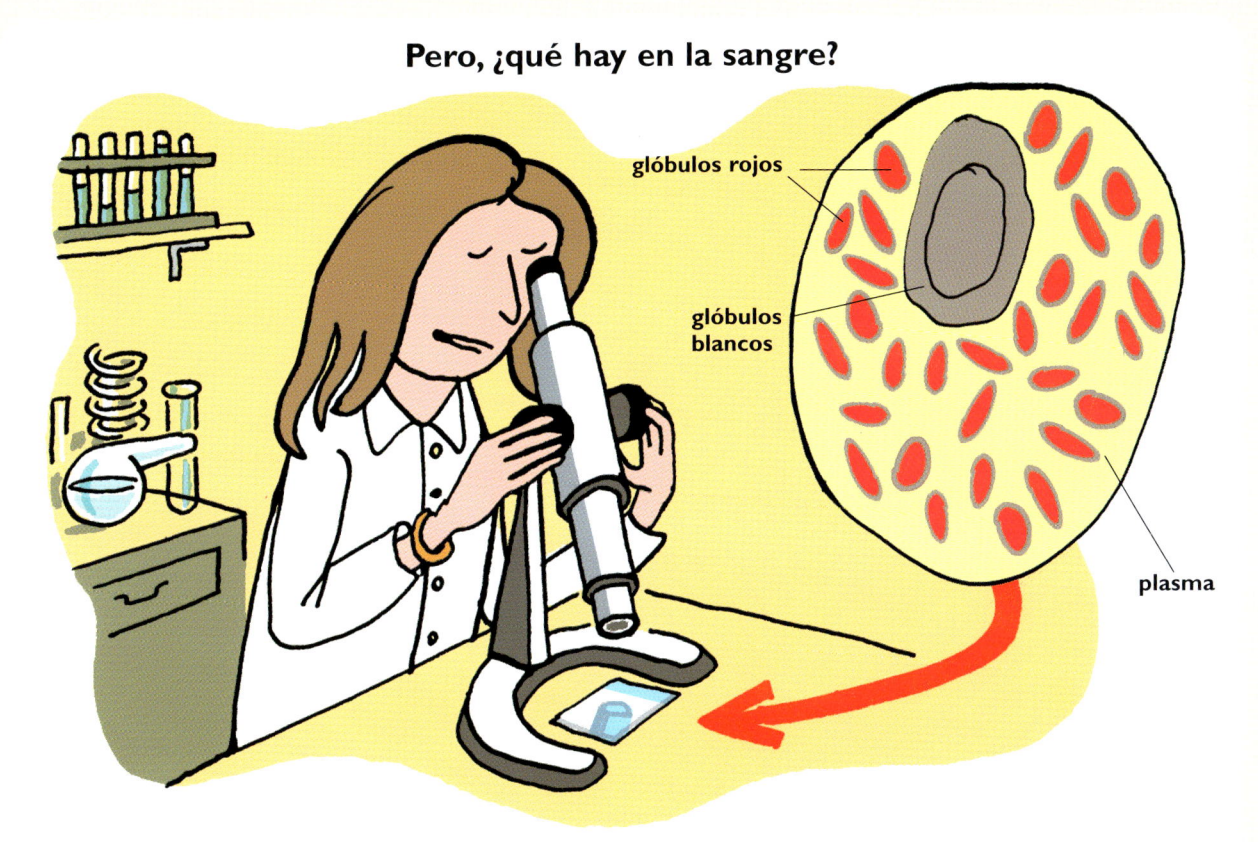

plasma

Al analizar una **gota de sangre** con el microscopio, se distinguen varios elementos: los glóbulos rojos, que le dan color, los glóbulos blancos y un líquido: el plasma sanguíneo. Nuestro cuerpo tiene **5 litros de sangre**, de los cuales 3.5 litros son de plasma.

Los **glóbulos rojos** transportan el **oxígeno** a todo el cuerpo. Se cargan de oxígeno en los pulmones.

Los **glóbulos blancos** son los "policías" del cuerpo; se aseguran de que todo esté en orden y destruyen a los **microbios**.

El **plasma sanguíneo** es la parte líquida de la sangre. Aporta **nutrientes** a nuestro cuerpo.

LA VIDA DEL CUERPO
Los alimentos

Los alimentos, es decir lo que comemos, aportan a nuestro cuerpo lo que necesita para funcionar bien.

La carne, el pescado y los huevos (los prótidos) son ricos en **proteínas** y ayudan a **crecer**.

Los alimentos ricos en **azúcar** (los glúcidos) o en **grasa** (los lípidos) dan **energía** a los músculos.

Las frutas y las verduras son ricas en **vitaminas**, indispensables para la salud.

LAS VITAMINAS

La **vitamina C** se encuentra en las frutas frescas y ayuda al cuerpo a defenderse contra las enfermedades.

La **vitamina A** está presente en las zanahorias, los huevos y el hígado. Nos ayuda a crecer y a ver bien.

Más de la mitad de nuestro cuerpo está constituido por **agua**, hay que beberla regularmente, sobre todo después de hacer ejercicio y cuando hace calor.

Necesitamos aproximadamente **2 litros** de líquido por día, que se encuentra en las bebidas, pero también en lo que comemos.

LA VIDA DEL CUERPO
En forma

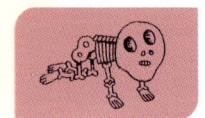

Para que nuestro cuerpo funcione bien, hay que alimentarlo adecuadamente, comer un poco de todo: llevar una alimentación equilibrada.

No es bueno comer entre comidas. Las **3 comidas** bastan para nutrirnos.
¡Un buen **desayuno** es importante para empezar bien el día!

Para nutrirse bien hay que comer **un alimento de cada grupo**:
una porción de **carne** o **pescado** o un **huevo**, un **lácteo** (yogur, queso blanco),
una de **fécula** (pastas, papas, arroz), una de **verdura** y una **fruta**.

Si **comes demasiado** y no haces ejercicio corres el riesgo de **engordar demasiado**. Puedes comer papas fritas, hamburguesas y beber sodas... ¡pero en pequeñas cantidades!

En ciertos países, los niños no tienen **suficientes** alimentos de buena calidad, por eso se vuelven **débiles** y son víctimas de toda clase de enfermedades.

Antiguamente, en los barcos, los marinos o los piratas no comían **alimentos frescos**, ricos en vitamina C. Por eso se enfermaban de **escorbuto**, un padecimiento que hace que se caigan los dientes.

LA VIDA DEL CUERPO
La digestión

Antes de pasar a la sangre para hacer funcionar nuestro cuerpo, los alimentos que comemos siguen un largo camino: la digestión.

Lo que comemos en cada comida se reduce a una especie de **puré líquido**.

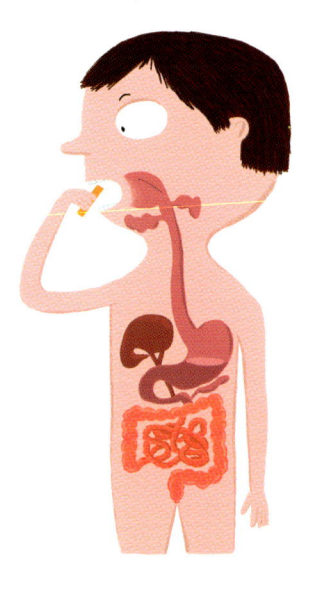

Los alimentos recorren el **tubo digestivo** que va de la boca al ano.

Los intestinos están enrollados en nuestro vientre y miden de 6 a 7 metros...

...¡son del tamaño de una casa de dos pisos!

102

Se necesitan **24 horas** para digerir una comida.

15 segundos en la boca **5 horas** en el estómago **18 horas** en los intestinos

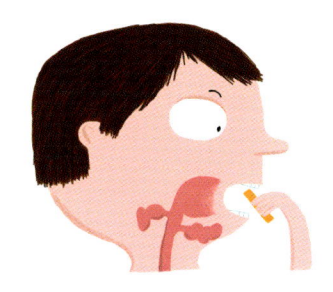

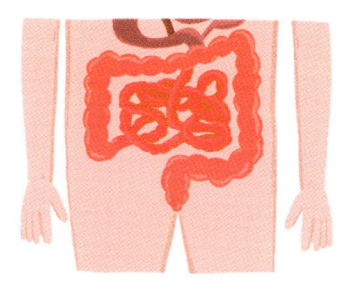

Los alimentos se **mastican** con los **dientes** y se impregnan de saliva.

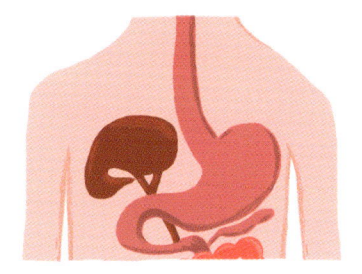

Enseguida pasan al **estómago**, una especie de bolsa grande, donde se transforman en papilla.

En el **intestino**, los alimentos se vuelven tan ligeros que pueden pasar a la sangre. Lo que sobra es evacuado por el ano.

Los dientes

Los dientes que cortan son los **incisivos**.

Los dientes que desgarran son los **caninos**.

Los dientes que muelen son los **molares**.

Hay que **masticar bien** antes de tragar y **cepillarse** los dientes a conciencia después de las comidas, pues los pedacitos que quedan se vuelven ácidos y, con ayuda de las bacterias, hacen unos hoyos en los dientes: las **caries**.

LA VIDA DEL CUERPO
El cuerpo vive

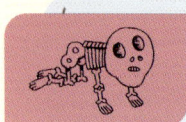

Para funcionar, nuestro cuerpo necesita a la vez del aire que respiramos y del alimento que digerimos.
El **aire** aporta oxígeno, el **alimento** energía.

La **sangre** transporta a todo el cuerpo el oxígeno que toma de los pulmones, y los elementos nutritivos que transmite el intestino.

El cuerpo también necesita **dormir** para funcionar bien.
Para estar en forma, un niño debe dormir por lo menos **10 horas** diarias.

LA VIDA DEL CUERPO
¿Y los bebés?

Para hacer un bebé, se necesita un papá y una mamá que se amen.

Cuando una semilla de vida del papá (un espermatozoide) encuentra a la semilla de vida de la mamá (el óvulo), se forma un **pequeño huevo**. Es la **fecundación**.

Ese pequeño huevo se desarrolla **en el vientre de la mamá** y se convierte en el embrión del bebé que nacerá 9 meses más tarde.

Cada bebé es **único** porque hereda algo de sus dos padres.

El futuro bebé se desarrolla en una **bolsa** especial (el útero).
Es **elástica** y **crece** con el bebé.

1er mes:
el futuro bebé es del tamaño de un grano de arroz. Su **corazón** ya late.

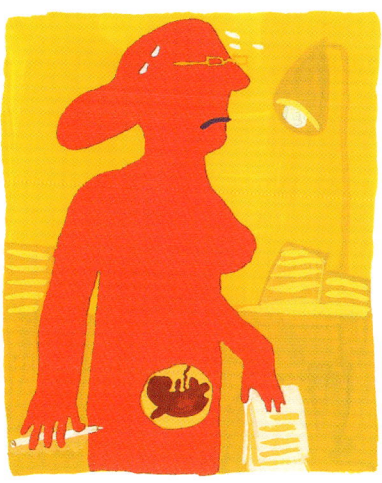

2º mes:
aparecen la **cabeza**, los **brazos** y las **piernas**.

3er mes:
ya es un **bebé en miniatura**.

5º mes:
la mamá siente al bebé **moverse** en su vientre.

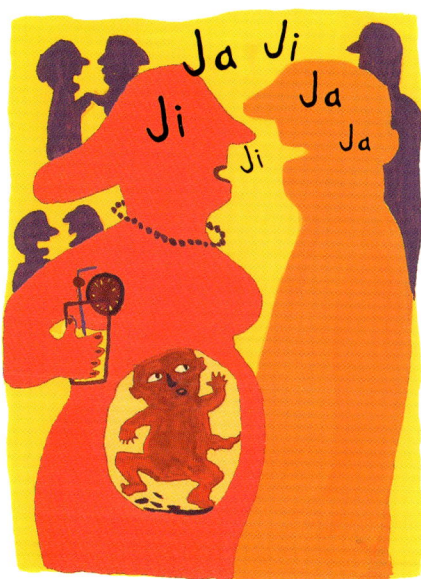

6º mes:
el bebé **escucha** los ruidos y se mueve cada vez más.

8º mes:
el bebé está casi terminado, se prepara para nacer. **Se da vuelta** con la cabeza hacia abajo.

107

LA VIDA DEL CUERPO
En el vientre de la mamá

El futuro bebé flota en un **líquido** que lo protege: el líquido amniótico.

El **cordón umbilical** une al bebé y a su mamá. A través de él, la mamá le da todo lo que necesita para vivir: el alimento y el oxígeno.

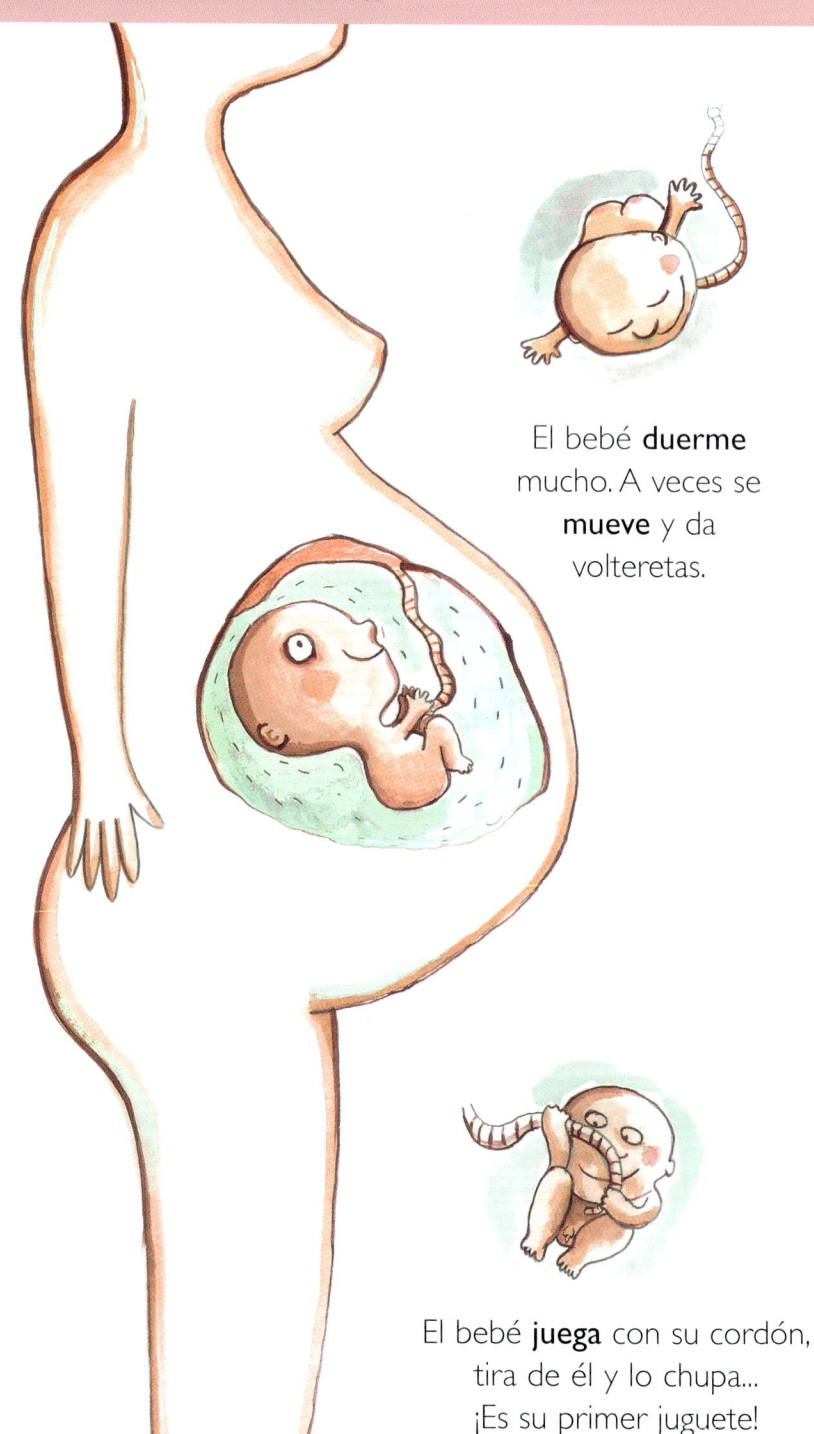

El bebé **duerme** mucho. A veces se **mueve** y da volteretas.

El bebé **juega** con su cordón, tira de él y lo chupa... ¡Es su primer juguete!

Al cabo de **9 meses**, la mamá siente en su vientre que el bebé está listo para nacer. Es el **parto**.

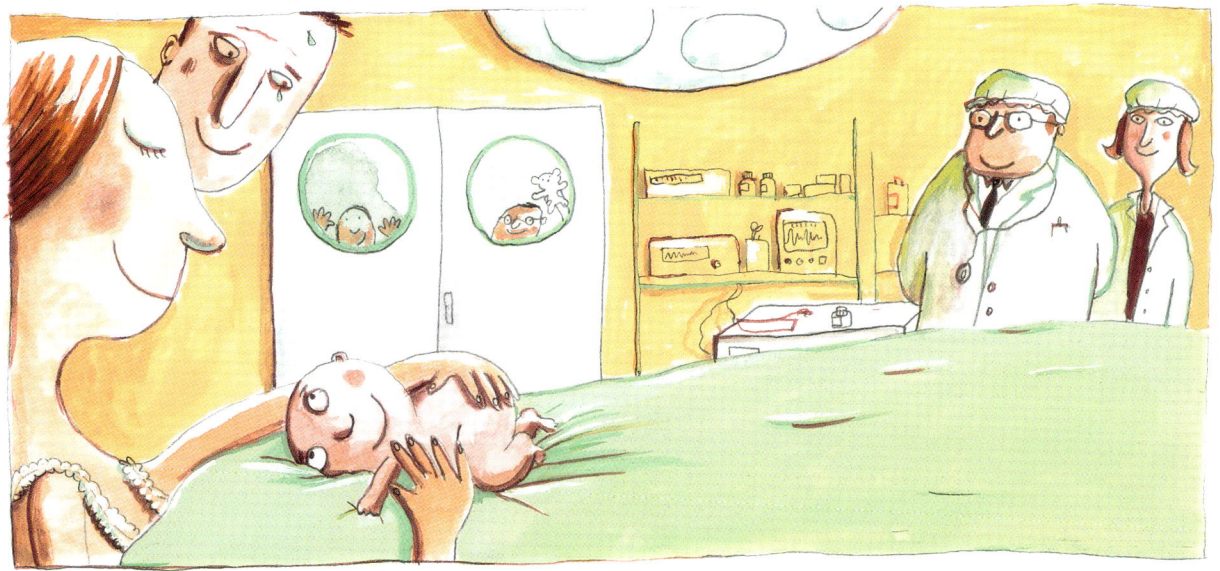

En la **maternidad**, una partera y un médico ayudan a la mamá y al bebé.

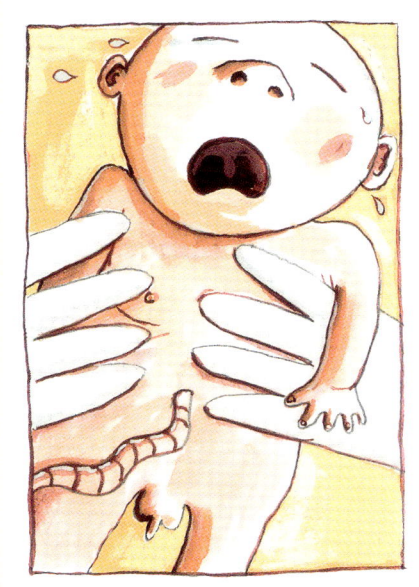

Cuando nace, el bebé lanza su **primer grito**; es la primera vez que respira aire.

El médico corta el cordón umbilical. El pedacito que queda es el **ombligo**.

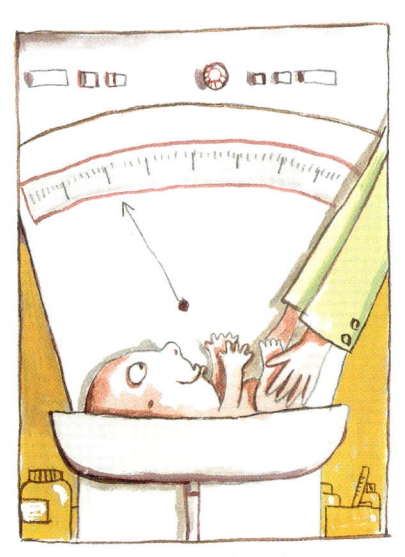

El bebé que acaba de nacer mide casi **50 cm** y pesa aproximadamente **3 kg**. Pregunta a mamá tu peso y tu talla al nacer.

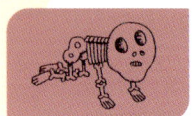

LA VIDA DEL CUERPO

¡Así es la vida!

A partir del día de su nacimiento, el niño crece y su cuerpo se transforma.

El bebe progresa cada día; poco a poco, aprende a utilizar su cuerpo.

Al **mes**, el bebé **sonríe** y aprieta muy fuerte los dedos.

Hacia los **4 meses**, mantiene la cabeza derecha y balbucea.

Hacia los **6 meses**, le gusta jugar con todo.

Hacia los **8 meses**, se sienta solo y empieza a caminar en 4 patas.

Al **año**, da sus primeros pasos y empieza a explorar el mundo.

¡PA-PÁ!

Hacia los **2 años**, el niño camina, corre y empieza a hablar.

Hacia los **6 años**, el **niño** aprende a leer, a escribir, a andar en bicicleta, a nadar y pierde los dientes de leche.

Hacia los **12 años**, el cuerpo de la **niña** empieza a transformarse en cuerpo de mujer y **crece** mucho.

Hacia los **15 años**, la **voz** del **niño** se vuelve grave y le empieza a crecer el **bigote**.

Hacia los **20 años**, los huesos dejan de crecer. Los chicos y las chicas se han vuelto **adultos**. ¡Cuando llegue el momento, podrán convertirse en padres!

Hacia los **50 años**, el cuerpo se vuelve menos ágil y aparecen pequeñas arrugas en el rostro. Los padres pronto se convertirán en **abuelos**.

Hacia los **80 años**, el cuerpo envejece y se **cansa**. ¡Pero algunas personas pueden vivir hasta los 100 años e incluso más!

LA VIDA DEL CUERPO
Las profesiones del cuerpo

El médico cura las enfermedades; es el especialista en el cuerpo.

Escucha el corazón y los pulmones con un **estetoscopio**.

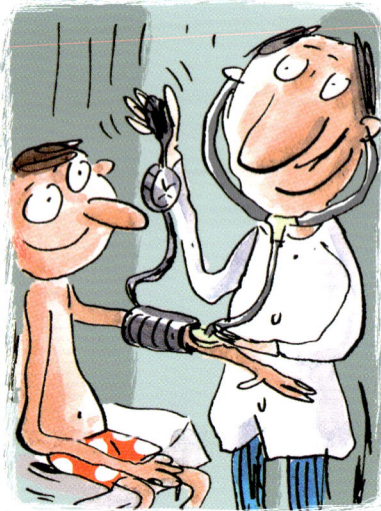

Con un **tensiómetro**, mide la **presión** para saber si la sangre circula bien.

Aplica las **vacunas**.

estetoscopio

tensiómetro

báscula

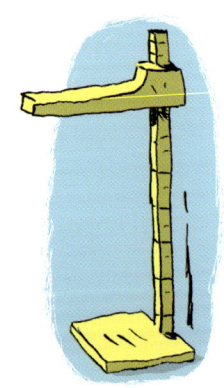

metro

jeringa

gasa

espátula

Uno de estos instrumentos no pertenece al médico, ¿cuál es?

Solución: la espátula.

El **otorrinolaringólogo** es un médico especialista. Cura las enfermedades de la **nariz**, de la **garganta** y de los **oídos**. Se le dice también *otorrino*.

Para curar a los niños y a los enfermos en los países que tienen necesidad, algunos médicos los visitan durante algunas semanas al año. Se les llama **médicos sin fronteras**.

El **profesor de educación física** lleva a los niños a correr para que desarrollen los músculos, haciendo **ejercicio físico**... Es bueno para la salud aunque a veces, ¡es cansado!

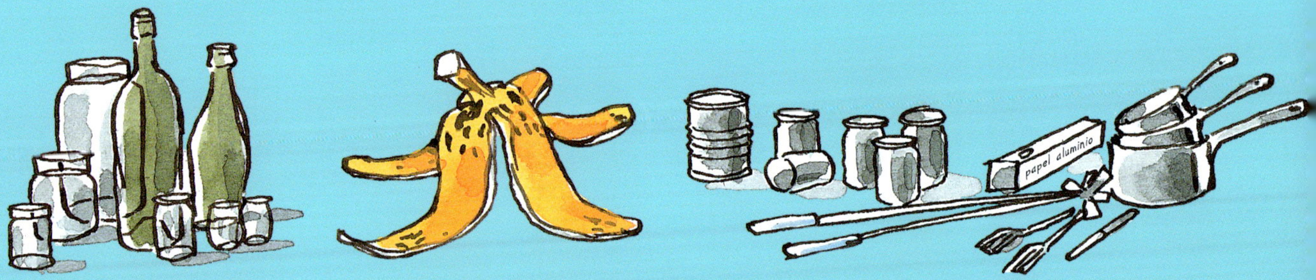
papel aluminio

LA TIERRA
LA ECOLOGÍA

La ciencia del medio ambiente

La ecología es la ciencia que estudia el medio ambiente y en particular, la acción de los seres humanos sobre la naturaleza.

La proliferación de fábricas, automóviles y desechos en los países ricos, amenaza con volverse peligrosa para nuestro planeta si no tenemos cuidado. Diviértete encontrando en esta imagen lo que es **malo** para el medio ambiente.

LA ECOLOGÍA
La Tierra se calienta cada vez más

Desde hace algunos años, nos hemos dado cuenta de que el clima de la Tierra se ha vuelto más caliente.

Los **gases** que emiten las fábricas a la atmósfera, la calefacción, la climatización y los automóviles son en parte responsables de ese calentamiento.

¿QUÉ ES EL EFECTO INVERNADERO?

Los **invernaderos**, que sirven para hacer que crezcan las plantas, dejan pasar la luz del sol y conservan el calor.

La atmósfera que rodea a la Tierra funciona de la misma manera: conserva al planeta con una temperatura adecuada, es el **efecto invernadero**.

Pero hay cada vez más gases en la atmósfera que **incrementan** el efecto invernadero y la Tierra se calienta demasiado.

Si la temperatura de la Tierra sigue aumentando, puede provocar un cambio en la vida del planeta.

Los **glaciares** de los polos y de las montañas se derretirán y los **desiertos** se extenderán.

El **nivel del mar** subirá.

Los países que se encuentran a la orilla del mar y algunas **islas** corren el riesgo de quedar sumergidos bajo el agua.

Si todos los glaciares de la Tierra se derritieran, **el mar** subiría 80 m, ¡llegaría hasta París!

LA ECOLOGÍA
La Tierra debe ser protegida

**Nuestro planeta es el único lugar del Universo donde los seres humanos pueden vivir. La Tierra es frágil, hay que protegerla.
Para detener la contaminación, cada país debe:**

Cuidar mejor las instalaciones de las **fábricas** para que emitan menos gases a la atmósfera.

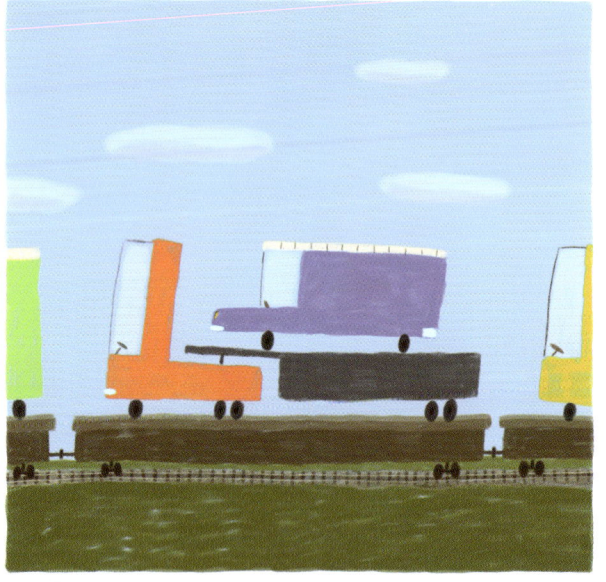

Dar prioridad al **transporte público** y preferir los trenes a los camiones para el transporte de las mercancías.

Solicitar a los fabricantes que **mejoren los motores** para que los aviones y los automóviles contaminen menos.

120

Todos, de acuerdo con nuestras posibilidades, podemos contribuir a la protección de la Tierra.

Conservando **nuestro automóvil en buen estado**, haciendo que lo revisen regularmente.

Reduciendo la velocidad, porque a mayor velocidad, más contaminación.

Prefiriendo los **transportes públicos**, ¡o la bicicleta!

Reduciendo el uso de la calefacción en el hogar.

También hay que **apagar** los aparatos eléctricos o la luz cuando se sale de una habitación.

LA ECOLOGÍA
Separemos los desechos para reciclarlos

Todos los días utilizamos papel, botellas de plástico, cajas de metal... que se convierten en desechos los cuales deben ser **separados** y muchos de ellos pueden ser **reciclados**, es decir, reutilizados. Los desechos no reciclables se queman.

500 años

1 año

300 años

4000 años

5 años

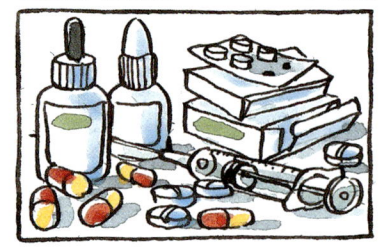

Las **pilas contaminan** el agua, hay que depositarlas en cajas especiales.
Los **medicamentos** pueden llevarse con un farmacéutico.

No hay que **tirar nada** a la naturaleza porque algunos desechos tardan mucho tiempo en desaparecer.

122

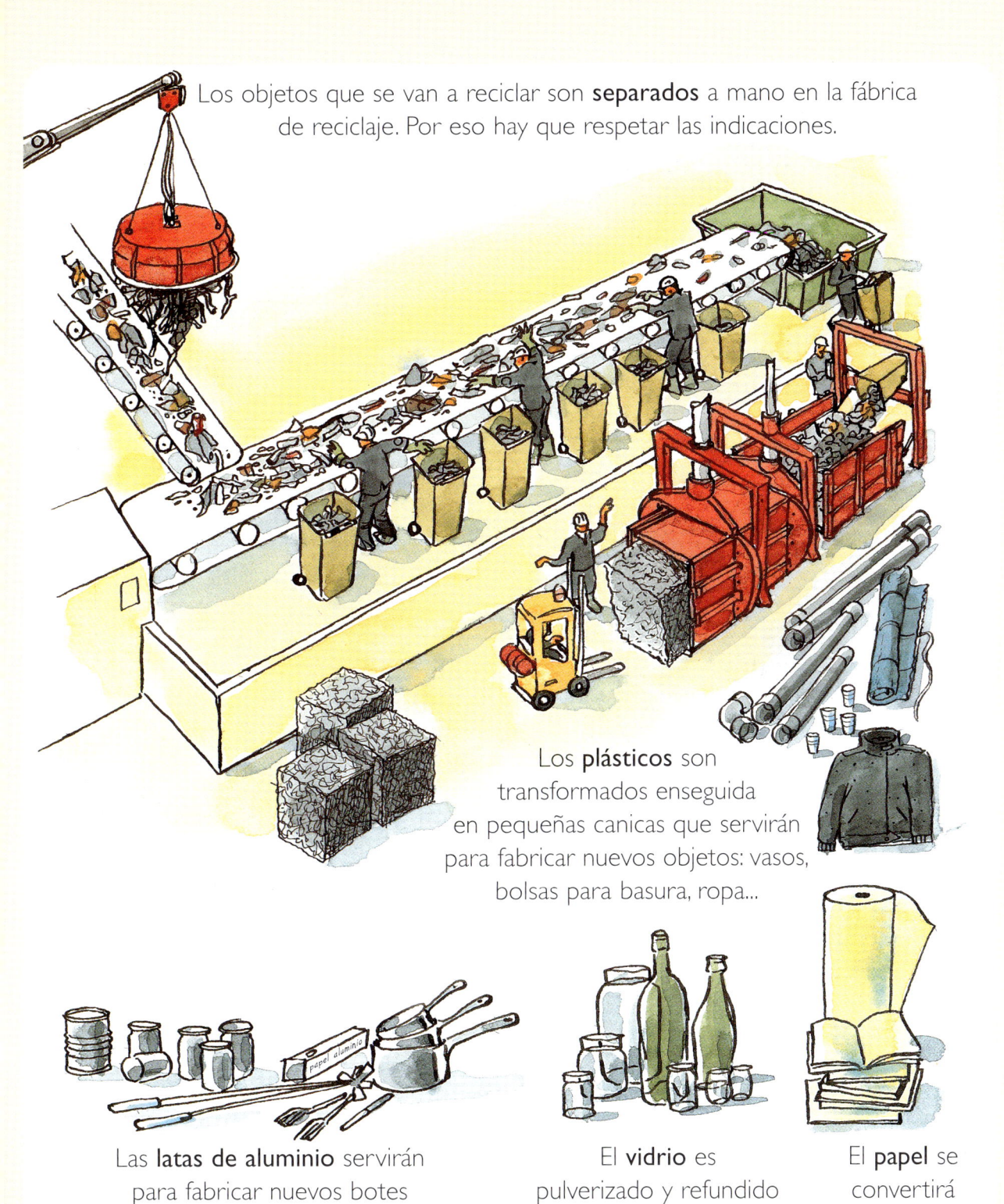

Los objetos que se van a reciclar son **separados** a mano en la fábrica de reciclaje. Por eso hay que respetar las indicaciones.

Los **plásticos** son transformados enseguida en pequeñas canicas que servirán para fabricar nuevos objetos: vasos, bolsas para basura, ropa...

Las **latas de aluminio** servirán para fabricar nuevos botes de conserva, papel de aluminio, herramientas...

El **vidrio** es pulverizado y refundido para fabricar nuevas botellas, frascos, floreros...

El **papel** se convertirá en papel reciclado.

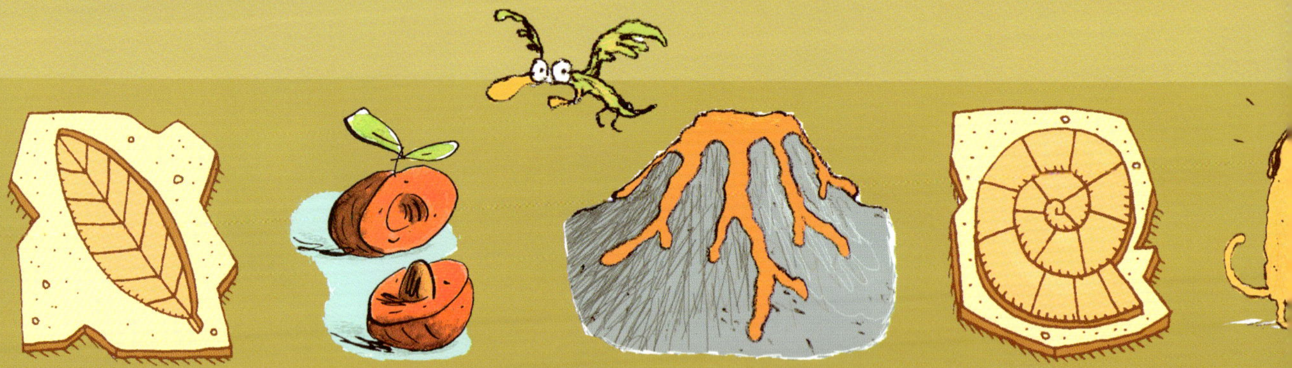

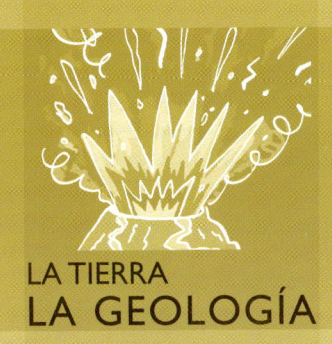

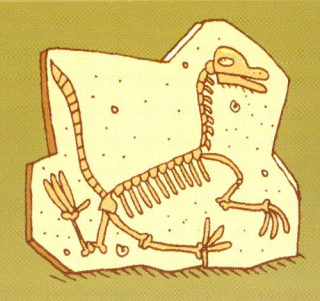

LA TIERRA
LA GEOLOGÍA

LA GEOLOGÍA
En el interior de la Tierra

La Tierra se parece a una cereza. Bajo los océanos y los continentes donde vivimos, hay varias capas de rocas de diferentes grosores.

La primera capa es muy delgada (como la piel de la cereza); se llama **corteza terrestre** y es muy sólida.

El **manto** está compuesto por una capa de rocas ardientes y se mueve.

En el centro de la Tierra hay un gran **núcleo** de metal.

La corteza terrestre no está hecha de una sola pieza, está recortada en **grandes placas**. Bajo la corteza, el manto se mueve constantemente y hace que se muevan las placas. Por eso los continentes han cambiado de lugar con el transcurso del tiempo.

Cuando la Tierra se formó, **América** y **África** estaban unidas.

Muy lentamente, los continentes se **separaron** hasta su posición actual.

El interior de la Tierra es **incandescente**.
En el fondo de las minas, tan sólo a 3 km bajo tierra, la roca está ya a más de 50 °C.
Donde comienza el manto, la temperatura es de 1 000 °C. En el centro del núcleo hay una temperatura de 6 000 °C.

El **centro de la Tierra** está a 6 000 km bajo nuestros pies.
El hoyo más profundo que se ha podido excavar medía 12 km.

LA GEOLOGÍA
Los volcanes

Los volcanes son montañas. A veces algunos despiertan y arrojan lava ardiente, rocas humeantes, gases y polvo: es una erupción volcánica.

El magma que procede del interior de la Tierra se acumula en la **cámara magmática** (1).

Durante una erupción volcánica, el **magma** sube a la superficie deslizándose por la **chimenea** (2).

El magma sale por el **cráter** (3) y forma la **lava** (4) y los vapores.

Existen tres grandes clases de erupciones volcánicas.

Si la lava es **líquida**, se derrama rápidamente y no hay explosión. La población tiene tiempo de huir.

Si la lava es **más espesa**, se derrama con más dificultad, pero la nube de gas y cenizas puede ser peligrosa.

Si la lava contiene **mucho gas**, la erupción provoca una explosión terrible. La población no tiene tiempo de huir.

Los volcanes que no han hecho erupción desde hace mucho tiempo son **volcanes extintos**.

¡VaMos A juGar!

Para comprender mejor cómo se forman las diferentes erupciones volcánicas, puedes hacer estos **tres experimentos** en un jardín y con ayuda de un adulto.

Para cada experimento, necesitas:

- 1 cucharada sopera de vinagre
- 1 empaque de rollo fotográfico
- 1 cucharada cafetera de bicarbonato de sodio

experimento sin tapa

experimento con tapa perforada

experimento con tapa cerrada

El líquido **sube lentamente** y se derrama suavemente fuera del recipiente.

El líquido **sale** abundantemente por los agujeros, con algunas erupciones de líquido.

El líquido **se escapa** y estalla sobre los bordes de la tapa, que acaba por saltar violentamente.

Se comprende entonces que mientras más lentamente se escurra el líquido, menos explosiones habrá. Ocurre lo mismo con los diferentes tipos de erupciones volcánicas.

Estos tres experimentos corresponden a los **tres tipos de erupciones volcánicas**.

131

LA GEOLOGÍA
Los temblores

En todo el mundo, el suelo tiembla varias veces al día. Los científicos llaman a este fenómeno *sismo*.

La mayoría de las sacudidas son muy ligeras y nadie las siente, pero a veces son tan potentes que provocan grandes daños.

Durante un **sismo**, las rocas que forman el suelo pueden desplazarse hacia los lados...

... o de arriba hacia abajo.

Las fracturas son provocadas por **ondas sísmicas** que se propagan en el suelo y hacen que todo tiemble.

LA GEOLOGÍA
La escala de Richter

No todos los temblores provocan los mismos daños. Para conocer su nivel de gravedad, se utiliza una escala inventada por un geólogo norteamericano, Charles Richter: la escala de Richter comprende 10 niveles.

Nivel 1: No se siente **nada**.

Nivel 2: Puede sentirse algo en los **pisos altos**.

Nivel 3: Los **objetos que cuelgan** se mueven.

Nivel 4: Las **ventanas** y las **puertas** se mueven.

Nivel 5: **Todo se mueve**, la gente que está dormida se despierta.

134

Nivel 6: Todos sienten el **temblor**. Pueden producirse daños.

Nivel 7: La gente tiene dificultades para mantenerse **de pie**. Los daños pueden ser muy graves.

Nivel 8: Los **rieles** se curvan, los **ríos** se desbordan.

Nivel 9: La mayoría de las **construcciones se derrumba**.

Nivel 10: **Todo queda destruido**. El suelo se mueve ondulando.

LA GEOLOGÍA

¿Qué es un fósil?

La mayoría de las plantas y de los animales que vivieron en nuestro planeta al principio de la historia de la Tierra, murieron sin dejar rastros. Algunos dejaron fósiles.

Los fósiles son los restos o las huellas de plantas o de animales extintos. Existen dos clases de fósiles: los que están constituidos por las partes duras de un animal (los huesos, los dientes, las conchas) que se **transformaron en piedra**, y los que se formaron con las **huellas** de una planta o de un animal **en la piedra**.

huella de concha

huella de planta

fósil del esqueleto de un pájaro desaparecido: el arqueopteryx.

El estudio de los fósiles permite comprender mejor la historia de la vida en la Tierra, en particular, la **evolución** de las plantas y de los animales.

Las partes de dinosaurios o mamuts que se encuentran con más frecuencia son los **dientes** o los **huesos**.

Se pueden encontrar también **huellas de pasos** que dejaron los animales o incluso los hombres prehistóricos.

Sin embargo se han encontrado mamuts muy bien conservados en el hielo de Siberia.

En África se han encontrado **huellas de pasos** fosilizadas, pertenecientes a antepasados del hombre que desaparecieron hace mucho tiempo: los **australopitecos**.

137

LA GEOLOGÍA
¿Cómo se formaron los fósiles?

Un crustáceo **muere**.

Cae al **fondo del agua**.

Su cuerpo se descompone. Sólo queda la **concha**.

Poco a poco, la concha se cubre con **capas de desechos** y **arena**.

Las capas se endurecen y se transforman en **rocas**.

Millones de años más tarde, un **geólogo** descubre el **fósil**.

138

FabRica un fóSil

Mezcla primero un poco de **yeso**: vierte medio vaso de agua en un tazón, espolvorea encima un vaso de yeso, mezcla todo poco a poco hasta obtener una pasta bien lisa.

Vierte **arena** húmeda en el fondo de la botella.

Deposita la **concha** en esa arena.

Agrega el **yeso**.

Deja **secar** durante dos días.

Para **desmoldar tu fósil**, recorta el plástico con tijeras. Hazlo en una palangana para no tirar arena por doquier.

Tu vaciado se parece a un **fósil**.

LA GEOLOGÍA
Los fósiles de los moluscos

**Los fósiles que se encuentran con más frecuencia son las huellas de animales que vivieron hace mucho tiempo en los mares.
¿Por qué se encuentran en el suelo?**

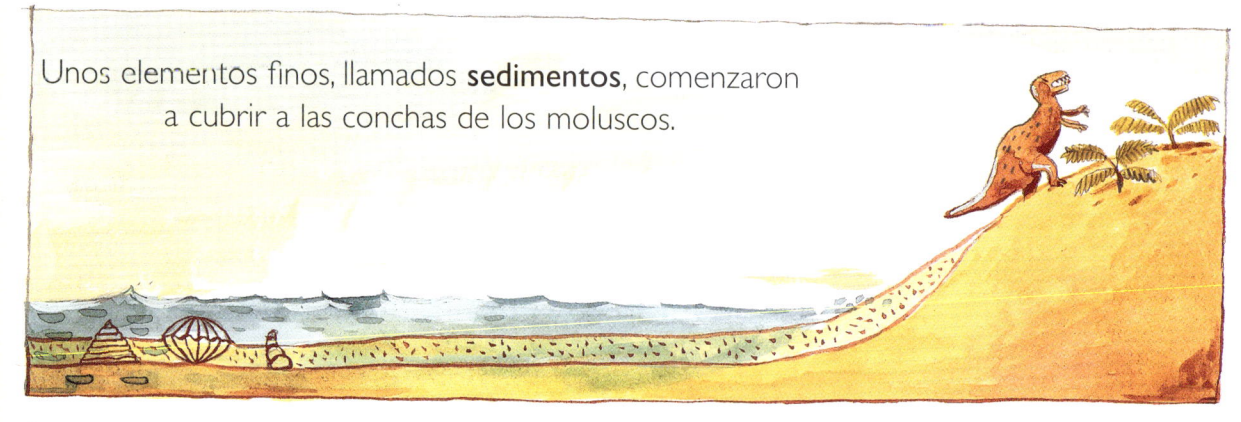

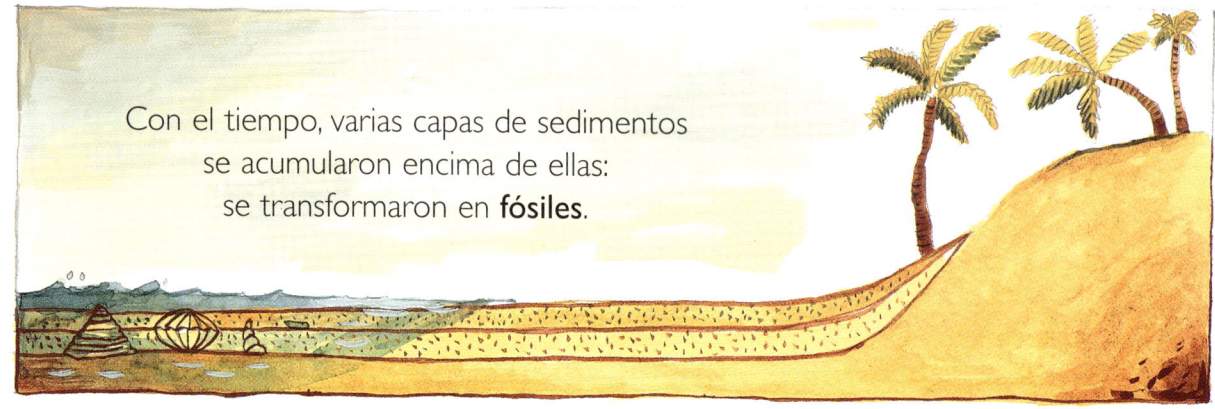

Hace más de 100 millones de años, el mar cubría **una gran parte de la tierra**. Los moluscos vivían en aguas poco profundas.

Unos elementos finos, llamados **sedimentos**, comenzaron a cubrir a las conchas de los moluscos.

Con el tiempo, varias capas de sedimentos se acumularon encima de ellas: se transformaron en **fósiles**.

Luego el mar se **retiró** de la zona donde vivían esos moluscos, dejando a la intemperie las capas de sedimento en las cuales los fósiles se habían hundido.

El **agua de lluvia** y el **viento** desgastaron poco a poco las capas de sedimento que estaban sobre los fósiles.

Los fósiles quedaron al **aire libre**. Por eso, en muchas regiones se pueden encontrar fósiles directamente en el suelo... ¡sin siquiera excavar!

LA GEOLOGÍA
Las rocas

**El suelo está formado por toda clase de rocas.
Algunas son duras, otras suaves. Algunas son muy hermosas.
Las rocas sirven para muchas cosas.**

Para construir casas, se extraen piedras de las **canteras**.

Las piedras para construcción son diferentes según la región. En algunas partes de Europa, muchas casas se construyen con **granito**, una roca gris.

En las regiones cercanas a los volcanes, las construcciones suelen ser de **basalto**.

La **tiza** es una roca **blanca** muy suave.

El **mármol** es una roca dura. Es la piedra con la que se hacen las **estatuas**.

La **pizarra** se recorta en tejas delgadas. Se utiliza para los **tejados**.

El **petróleo** también es una roca: una roca líquida que se obtiene perforando **pozos** en el suelo. Con el petróleo se hace la **gasolina**.

142

Las **piedras preciosas** son transparentes.
El **diamante** es la más rara; el **rubí** es rojo;
la **esmeralda**, verde; el **topacio**, amarillo.

En la arena y la grava de los ríos
a veces se encuentran **pepitas de oro**.
El oro es un metal precioso.

Si te gusta recoger guijarros, busca fósiles o cristales brillantes.
Clasifícalos en cajas por tipos de rocas,
y anota en las etiquetas el lugar donde los encontraste.

LA GEOLOGÍA
Las profesiones de la Tierra

El geólogo estudia las rocas que forman el suelo y el subsuelo y analiza los diferentes tipos.

Excava para encontrar las **capas de rocas** que se han ido formando con el transcurso del tiempo.

Observa si hay **fósiles**. Para ello está equipado con una **lupa** para analizar con detalle las rocas, una **brújula** para determinar su orientación y bolsas para recoger **muestras**...

Los geólogos estudian el subsuelo para encontrar **petróleo**.

El paleontólogo busca y estudia los fósiles y los restos de los animales desaparecidos, como los dinosaurios o los mamuts, pero también los de los hombres prehistóricos.

Gracias a las investigaciones de los paleontólogos, se ha podido saber que el hombre no existía aún en tiempos de los **dinosaurios**.

El **vulcanólogo** estudia los volcanes. Los vigila para prever erupciones que podrían ser peligrosas.

El **sismólogo** estudia los temblores.

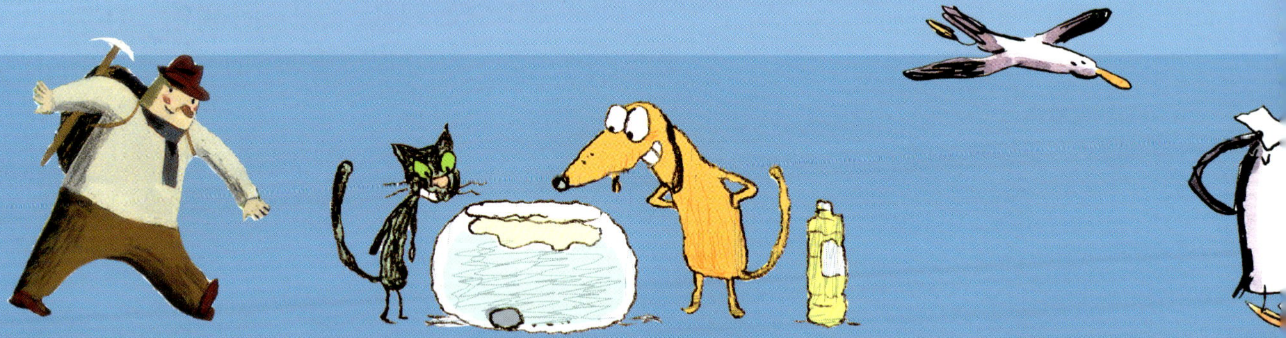

LA TIERRA
EL AGUA

EL AGUA
El agua en todos sus estados

El agua existe en tres formas llamadas *estados*.

La forma más común del agua es el **estado líquido**, como el agua de los ríos y de los mares.

Aunque también puede presentarse en **estado sólido**, como el **hielo** o la nieve.

El agua también puede existir en estado **gaseoso**, como el **vapor** de agua.

El estado del agua depende de la **temperatura**.

El agua **se congela** a 0 °C; pasa del estado líquido al estado sólido.

El agua **hierve** a 100 °C; pasa del estado líquido al estado gaseoso.

EL AGUA
Los líquidos no siempre son agua

**El aceite es un líquido que no contiene agua.
Pero como el agua, puede ser líquido, gaseoso o sólido.**

El **aceite** que el cocinero vierte en la ensalada es **líquido**.

El aceite que el cocinero **calienta** en la sartén "humea".

El paso del estado líquido al estado sólido se llama **solidificación**.

La **temperatura** de solidificación no es la misma para el agua y para el aceite. El aceite se vuelve sólido en 3 horas en el frigorífico. El agua se vuelve sólida en el congelador.

150

El paso del estado sólido al estado líquido se llama **fusión**.

La **lava** de los volcanes es una roca, una **roca líquida**. Cuando sale del volcán se enfría y se solidifica, entonces se vuelve una roca sólida.

El perfume contiene alcohol. Al abrir la botella, una parte de ese alcohol se vuelve **gaseoso** y esparce el aroma del perfume.

El paso del estado líquido al estado gaseoso se llama **evaporación**.

EL AGUA

Más denso, menos denso

**El agua, el aceite y la roca tienen diferente densidad.
Aun con el mismo volumen, el agua,
el aceite y la roca no tienen el mismo peso.**

Si ponemos aceite y una piedra **en un recipiente** lleno de agua, comprobaremos que **el aceite flota** sobre el agua: el aceite es menos denso que el agua. La **piedra se hunde**: es más densa.

Como el aceite, el **petróleo** es menos denso que el agua, por lo tanto flota sobre ella. Si un barco petrolero derrama su cargamento, el petróleo permanece **en la superficie del mar** y en las playas: eso es la **marea negra**.

Un exPerimento para coMprender mEjor

La **densidad cambia** en función de la **temperatura**.

Vierte cuidadosamente **agua caliente con colorante vegetal** en un vaso de agua fría. Observarás que el agua caliente permanece en la superficie: es menos densa que el agua fría.

Ahora, prueba a la inversa. Vierte cuidadosamente **agua helada con colorante vegetal** en agua caliente. Observa que el agua helada baja al fondo del vaso: es más densa.

Con **el aire** ocurre lo mismo. El aire caliente es menos denso que el aire frío. Así se consigue que los **globos aerostáticos** suban al cielo.

¡Hey!, ¿sí calienta?

¡Oh, no!... ¡se apagó!

Cuando el piloto **calienta** el aire que está en el globo, el **globo sube** porque el aire caliente es menos denso que el frío.

Para que vuelva a bajar, basta con dejar **enfriar** poco a poco el aire del globo que se volverá menos denso y, por lo tanto, más pesado.

EL AGUA
El ciclo del agua

El agua cambia de estado constantemente, se transforma en lluvia, en nieve, en hielo, en nubes... Es el llamado *ciclo del agua*.

Al calentarse con el sol, el **agua** del mar se **evapora** y se eleva por el aire. El agua que está sobre la tierra, la de los ríos y los lagos, se evapora también.

El vapor forma **nubes**.

El agua cae en forma de **lluvia**,

o en forma de **nieve** sobre las montañas.

Tanto la lluvia como la nieve derretida regresan **a los ríos** y vuelven al mar. ¡Es un ciclo que no se detiene jamás!

Dos expErimentos para coMprender mEjor

Coloca **en el frigorífico** la tapa de una cacerola durante una hora. Después, colócala sobre una cacerola con **agua hirviendo**.

Cuando levantes la tapa, caerán unas **gotas de agua** en la cacerola.

El vapor de agua caliente se condensa sobre la tapa fría. Así se forma la **lluvia**.

Coloca un plato **en el congelador** durante una hora.

Sácalo y vierte rápidamente **algunas gotas** de agua fría.

El frío de la tapa convierte el agua en una fina **capa de hielo**.

155

LAS **PALABRAS** DE LA **CIENCIA**

Anfibio: un anfibio es un animal que vive a la vez en la tierra y en el agua. La rana es un anfibio.

Atmósfera: la capa de gas que rodea la Tierra se llama atmósfera.

Carnicero: animal que sólo se alimenta de presas animales vivas.

Carnívoro: que come principalmente carne. El lobo es carnívoro.

Carroñero: animal que se alimenta de cadáveres de animales en descomposición. El buitre es un carroñero.

Célula: es el elemento más pequeño que constituye a un ser vivo. Las plantas, los animales y los seres humanos están formados por millares de células.

Depredador: un depredador es un animal que caza a otros animales para alimentarse.

Despojo: cadáver de un animal muerto que ha sido devorado por los depredadores.

Ecología: es la ciencia que estudia al medio ambiente, es decir, las relaciones entre los seres vivos y su medio.

Embarazo: el embarazo es el periodo de nueve meses durante el cual una mujer espera a su bebé.

Embrión: en el transcurso de los tres primeros meses en el vientre de su madre, el bebé se llama embrión.

Especie: una especie animal es un conjunto de animales que se parecen y que se reproducen entre sí.

Fecundación: la fecundación es el encuentro de una célula masculina y una célula femenina que termina en la formación de un nuevo ser vivo.

Flor: la flor contiene los órganos que permiten a la planta formar sus semillas para reproducirse.

Fotosíntesis: la fotosíntesis es el proceso por medio del cual las plantas se desarrollan utilizando la luz. Es uno de los fenómenos más importantes de la vida en la Tierra.

Fruto: el fruto contiene las semillas y las protege.

Geología: es la ciencia que estudia el suelo y el subsuelo de la Tierra.

Herbívoro: que se alimenta de hierbas o de hojas. La vaca es un animal herbívoro.

Hibernación: algunos mamíferos como la marmota o el oso pasan el invierno en hibernación. Viven en estado de desaceleración, sin comer y duermen mucho.

Invertebrado: un animal invertebrado no tiene columna vertebral. Los insectos, los gusanos y los crustáceos son invertebrados.

Larva: una larva es la forma que toman algunos animales antes de alcanzar el estado adulto.

Mamífero: animal cuya hembra tiene mamas para amamantar a sus crías. Hay mamíferos terrestres que viven en la tierra, y mamíferos marinos que viven en el mar. El hombre y la ballena son mamíferos.

Marsupial: mamífero cuya hembra tiene una bolsa en el vientre, que contiene mamas, donde las crías terminan de crecer después de su nacimiento. El canguro y el koala de Australia son marsupiales.

Medio: el medio es el lugar donde habita un ser vivo.

Metamorfosear (se): metamorfosearse es transformarse completamente.

Omnívoro: que se alimenta a la vez de carne y de vegetales. El ser humano y el oso son omnívoros.

Organismo: el organismo es el conjunto de órganos de un ser vivo. En el ser humano es el cuerpo.

Órgano: un órgano es una parte del cuerpo que tiene una función particular. El ojo es el órgano de la vista.

Oxígeno: el oxígeno es un gas muy extendido en la naturaleza, particularmente en el aire que se respira. Es indispensable para la mayoría de los seres vivos.

Partera: una partera es una persona cuya profesión consiste en asistir a las mujeres durante los partos y que a veces las atiende durante el embarazo.

Presa: el animal cazado y comido por otro animal.

Reproducir (se): reproducirse es dar a luz a otros seres vivos de la misma especie.

Savia: la savia distribuye el alimento a toda la planta. Existen dos clases de savia: la que hace circular el agua y las sales minerales de las raíces hacia las hojas, y la que parte de las hojas y distribuye a toda la planta el azúcar que éstas elaboran.

Semilla: la semilla permite a la planta reproducirse.

Útero: en los mamíferos, los bebés se desarrollan en el útero.

Vaso sanguíneo: un vaso sanguíneo es un pequeño canal que sirve para la circulación de la sangre.

Vertebrado: un animal vertebrado es aquel que tiene columna vertebral. Los peces y los mamíferos son vertebrados.

ÍNDICE ALFABÉTICO

A
abdomen 14
abeja 14
agricultor 70
agua 148, 149
aguja 47
alevín 34
alga 46, 48
anémona de mar 43
anfibio 12
arácnido 13
árbol 47, 49
arce 53
arteria 94
atmósfera 118
ave 12, 34
avellano 53

B
baobab 47
basalto 142
bíceps 77
bolas de regurgitamiento 28, 29
botánico 70
boyero 11
bulbo 67

C
caballa 27
cactus 46
cadena alimentaria 26
caja torácica 76
camaleón 20
cámara magmática 128
canguro 36
canino (diente) 30
caña de azúcar 57
caracol 17, 85
carnívoro 25
carroñero 25
castaño 53
cebra 26
cerebro 78
ciclo del agua 154
ciempiés 13
ciervo 33
circulación de la sangre 94
clorofila 54
columna vertebral 76
conífera 47, 49
contaminación 120
corazón 94, 95
corteza terrestre 126
cotiledón 68, 69
cráter 128
crisálida 37
crustáceo 13
cuerpo 74

D
densidad 153
depredador 18
desecho 122
desierto 46
desqueje 66
digestión 102

E
ecología 116
efecto invernadero 118
embrión 106
erizo 21
erupción volcánica 128
escala de Richter 134
escarabajo 15, 29
escorbuto 101
especie 26

158

espermatozoide 106
espiración 93
esqueleto 75, 76
estambre 62, 64
estetoscopio 112
evaporación 151

F

fecundación 106
flor 62
foliolo 53
fósil 136
frondoso 47
frugívoro 24
fruto 65
fusión 151

G

gacela 18
galio 60
gas carbónico 54
genetista 71
geología 126
geólogo 144
germen 64
germinación 69
glóbulo 97
glúcido 98
granito 142
granívoro 24
grano 25
grillo 22
guepardo 17
gusano 13
gusto 79, 84

H

helecho 46, 48
hembra 32
herbáceo 49
herbívoro 24
hoja 47, 53
hongo 46, 48
hormiga 14, 15
hormiga león 19
hueso 75, 76, 77
huevo 34

I

incisivo 30
insectívoro 25
insecto 13
insecto palo 43
inspiración 93
intestino 103

L

larva 37
lava 128
lechaza 34
lechuza 28
libélula 15
limbo 53

lípido 98
líquido amniótico 108

M

macho 32
magma 128
mamífero 12, 35
manto 126, 127
mariposa 15, 85
mariquita 15, 27
mármol 142
mejillón 43
metamorfosis 37
mimetismo 20
mofeta 20
molar 30
molusco 140
mosca 15
muda 36
músculo 75, 76
musgo 46, 48

N

núcleo 60, 65, 126

Ñ

ñu 26

O

oído 79, 80
ojo 79, 80
olfato 79, 84
omnívoro 25
oreja 81

159

órgano 78
otorrinolaringólogo 113
óvulo 65, 106
oxígeno 92, 94

P
pájaro bobo 16
paleontólogo 145
pangolín 21
papilla 113
parásito 11
partera 109
parto 109
pavo real 33
pecíolo 53
pejesapo 19
pez 12, 34
pez arquero 19
pez payaso 21
pez volador 16
pistilo 63
pizarra 142
plancton 27
planeta 118
plántula 68
plasma sanguíneo 97
polen 63, 64

presa 18
proteína 98
pulgón 27
pulmón 92
pulpo 20
pulso 94
pupila 80

R
raíz 44, 48
reciclar 122
renacuajo 37
reptil 12
respiración 92
roble 53
roca 142

S
sangre 96
sapo 21
savia 56
sedimento 140
semilla 60, 61, 65
sépalo 63
sismo 132
sismólogo 145
solidificación 150

T
tacto 84, 90
tallo 52, 67
temblor 132
temperatura 149
tensiómetro 112
tiburón 27
Tierra 127

tímpano 81
tiza 142
tórax 14
tortuga 17
tráquea 93
tríceps 77
tronco 52
tubérculo 67
tubo digestivo 102

U
útero 107

V
vaso 96
vértebra 36
veterinario 38
vista 79, 80
vitamina 98
volcán 128
vulcanólogo 145

Z
zoólogo 39